WILHELM HEYNE VERLAG
MÜNCHEN

Vorwort

In den Feinschmecker-Tempeln werden sie ebenso selbstverständlich serviert wie in gutbürgerlichen Esszimmern: Aufläufe sind ein Fall für alle! Selbst der hartnäckigste Verächter lässt sich hinterm Ofen vorlocken, wenn der Auflauf in feuerfester Form sanft zerfließend seine Düfte verströmt. Kaum ein Gericht bietet so viel Vielfalt und Genuss. Ob Fleisch oder Fisch, Gemüse oder Kartoffeln – erst einmal in Form gebracht, entpuppt es sich im Backofen als Geschmackserlebnis erster Klasse – gekrönt von einer goldgelben Kruste.

Abkürzungen

EL	=	Esslöffel
TL	=	Teelöffel
Msp.	=	Messerspitze
Pck.	=	Packung/Päckchen
g	=	Gramm
kg	=	Kilogramm
ml	=	Milliliter
l	=	Liter
Min.	=	Minuten
Std.	=	Stunden
evtl.	=	eventuell
geh.	=	gehäuft
gestr.	=	gestrichen
TK	=	Tiefkühlprodukt
°C	=	Grad Celsius
Ø	=	Durchmesser
E	=	Eiweiß
F	=	Fett
Kh	=	Kohlenhydrate
kcal	=	Kilokalorien
kJ	=	Kilojoule

Hinweise zu den Rezepten

Die Rezepte sind für 4 Personen berechnet. Lesen Sie vor der Zubereitung das Rezept einmal vollständig durch. Oft werden Arbeitsabläufe oder -zusammenhänge dann klarer. Die in den Rezepten angegebenen Gartemperaturen und -zeiten sind Richtwerte, die je nach individueller Hitzeleistung des Backofens über- oder unterschritten werden können. Beachten Sie die Gebrauchsanweisung des Herstellers.

Zubereitungszeiten

Die Zubereitungszeit ist ein Anhaltswert für die Zeit für Vorbereitung und die eigentliche Zubereitung, die Gar- bzw. Überbackzeiten sind gesondert ausgewiesen. Längere Wartezeiten wie z. B. Kühl- und Auftauzeiten sind nicht einbezogen.

Kapitelübersicht

Aufläufe mit Fleisch
Seite 8 – 27

Aufläufe mit Fisch
Seite 28 – 47

Aufläufe mit Gemüse
Seite 48 – 81

Kapitelübersicht

Aufläufe mit Kartoffeln
Seite 82 – 97

Aufläufe mit Nudeln
Seite 98 – 125

Gratins
Seite 126 – 155

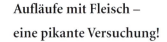

**Aufläufe mit Fleisch –
eine pikante Versuchung!**

Schlemmertopf

6 Portionen

**Zubereitungszeit:
etwa 20 Min.
Garzeit: etwa 90 Min.**

**Pro Portion:
E: 48 g, F: 46 g, Kh: 20 g,
kJ: 3059, kcal: 730**

- **1 kg Schweineschulter**
- **2 Beutel Zwiebelsuppe**
- **gemahlener Pfeffer**
- **1 großes Glas Champignons (Abtropfgewicht 340 g)**
- **1 Dose Kidneybohnen (Abtropfgewicht 255 g)**
- **1 Dose geschälte Tomaten (800 g)**
- **250 ml (¼ l) Schlagsahne**
- **200 g geriebener Gouda**

1 Fleisch unter fließendem kalten Wasser abspülen, trockentupfen und in große Würfel schneiden. Die Fleischwürfel in eine große Auflaufform oder einen Bräter geben, das Zwiebelsuppenpulver darauf verteilen und mit Pfeffer würzen.

2 Champignons in einem Sieb abtropfen lassen und vierteln oder halbieren. Kidneybohnen ebenfalls abtropfen lassen. Bohnen mit Champignons und Tomaten mit der Flüssigkeit zum Fleisch geben.

3 Sahne darüber gießen. Die Form mit einem Deckel oder mit Alufolie zudecken und auf dem Rost in den Backofen schieben.

Ober-/Unterhitze:
etwa 200 °C (vorgeheizt)
Heißluft: etwa 180 °C
(nicht vorgeheizt)
Gas: Stufe 3–4
(nicht vorgeheizt)
Garzeit: etwa 90 Min.

4 Nach etwa 60 Minuten Garzeit Deckel oder Alufolie entfernen, den Schlemmertopf mit Käse bestreuen und noch etwa 30 Minuten garen, bis der Käse goldbraun ist.

Beilage:
Stangenweißbrot.

Hack-Gemüse-Auflauf

4–6 Portionen

**Zubereitungszeit:
etwa 40 Min.
Garzeit: etwa 25 Min.**

**Pro Portion:
E: 23 g, F: 35 g, Kh: 27 g,
kJ: 2303, kcal: 550**

Für das Gemüse:
- **500 g kleine Kartoffeln**
- **300 g Möhren**
- **400 g Broccoli**
- **250 ml (¼ l) Gemüsebrühe**

Für die Hackfleischmasse:
- **1 Zwiebel**
- **2 EL Speiseöl**
- **400 g Gehacktes (halb Rind-, halb Schweinefleisch)**
- **Salz**
- **frisch gemahlener Pfeffer**
- **Paprikapulver edelsüß**
- **2 EL Tomatenketchup**

Für die Sauce:
- **50 g Butter**
- **25 g Weizenmehl**
- **250 ml (¼ l) Kochflüssigkeit vom Gemüse**
- **250 ml (¼ l) Schlagsahne**
- **Salz**
- **frisch gemahlener Pfeffer**
- **geriebene Muskatnuss**
- **50 g geriebener Gouda**

1 Für das Gemüse Kartoffeln waschen, in Wasser zum Kochen bringen und in 20–25 Minuten gar kochen lassen.

2 In der Zwischenzeit Möhren putzen, schälen, waschen und längs in Scheiben schneiden. Vom Broccoli die Blätter entfernen, Broccoli waschen und in kleine Röschen teilen.

3 Brühe zum Kochen bringen. Zuerst Möhren hineingeben und 3–4 Minuten kochen lassen. Dann Broccoli zufügen und alles weitere 5 Minuten kochen lassen. Das Gemüse abgießen, dabei die Kochflüssigkeit auffangen und evtl. mit Wasser auf 250 ml (¼ l) auffüllen.

4 Für die Hackfleischmasse Zwiebel abziehen und würfeln. Öl in einer Pfanne erhitzen und die Zwiebelwürfel darin andünsten. Gehacktes hinzufügen und anbraten, dabei die Fleischklümpchen mit einer Gabel zerdrücken. Mit Salz, Pfeffer und Paprika würzen und Ketchup unterrühren.

5 Die garen Kartoffeln abgießen, kalt abspülen, pellen, in Scheiben schneiden und schuppenartig in eine gefettete Auflaufform schichten. Die Kartoffelscheiben mit Salz bestreuen.

6 Für die Sauce Butter zerlassen. Mehl unter Rühren darin erhitzen, bis es hellgelb ist. Gemüsekochflüssigkeit und Sahne hinzugießen und mit einem Schneebesen durchschlagen, dabei darauf achten, dass keine Klümpchen entstehen. Die Sauce unter Rühren zum Kochen bringen, mit Salz, Pfeffer, Muskat abschmecken und den Käse unterrühren.

7 Die Hackfleischmasse auf den Kartoffeln verteilen, darauf das Gemüse geben und alles mit der Sauce bedecken. Die Form auf dem Rost in den Backofen schieben.

Ober-/Unterhitze:
etwa 200 °C (vorgeheizt)
Heißluft:
etwa 180 °C (vorgeheizt)
Gas: Stufe 3–4 (vorgeheizt)
Garzeit: etwa 25 Min.

Tipp:

Sie können für den Auflauf auch gekochte Kartoffeln vom Vortag verwenden.

Sauerkrautauflauf

4–6 Portionen

*Zubereitungszeit:
etwa 25 Min.
Garzeit: etwa 35 Min.*

*Pro Portion:
E: 23 g, F: 42 g, Kh: 40 g,
kJ: 2831, kcal: 675*

- **600 g gekochte Pellkartoffeln**
- **1 Dose Ananas-Weinsauerkraut (Abtropfgewicht 770 g)**
- **1 kleine grüne Paprikaschote**
- **400 g Kasseler (ohne Knochen)**
- **Salz**
- **frisch gemahlener Pfeffer**
- **etwas Zucker**

Für die Sauce:
- **1 schwach geh. EL Weizenmehl**
- **200 g Schmand**
- **125 ml (⅛ l) Schlagsahne**
- **125 ml (⅛ l) Gemüsebrühe**

Zum Bestreuen:
- **2 EL Semmelbrösel**
- **2 EL geriebener Gouda**
- **25 g Butter**

1 Kartoffeln pellen, in nicht zu dünne Scheiben schneiden und die Hälfte in eine gefettete, flache Auflaufform legen.

2 Sauerkraut etwas lockerzupfen und in eine Schüssel geben. Paprikaschote halbieren, entstielen, entkernen und die weißen Scheidewände entfernen, die Schote waschen und in Streifen schneiden. Kasseler ebenfalls in Streifen schneiden.

3 Die vorbereiteten Zutaten mit dem Sauerkraut vermischen und mit Salz, Pfeffer und Zucker würzen. Die Hälfte der Masse auf die Kartoffelscheiben geben.

4 Für die Sauce Mehl, Schmand, Sahne und Gemüsebrühe verrühren, mit Salz, Pfeffer und Zucker würzen und die Hälfte über die Sauerkrautmischung geben.

5 Die restlichen Kartoffelscheiben darauf schichten, darauf das restliche Sauerkraut geben und zum Schluss die restliche Sauce darauf verteilen, so dass alle Zutaten gut mit Sauce bedeckt sind.

6 Den Auflauf mit Semmelbröseln und Gouda bestreuen und Butter in Flöckchen darauf setzen. Die Form auf dem Rost in den Backofen schieben.

Ober-/Unterhitze:
etwa 200 °C (vorgeheizt)
Heißluft:
etwa 180 °C (vorgeheizt)
Gas: Stufe 3–4 (vorgeheizt)
Garzeit: etwa 35 Min.

Tipp:
Der Auflauf schmeckt noch herzhafter, wenn Sie das Sauerkraut vorher in 3 Esslöffeln erhitztem Speiseöl etwa 15 Minuten dünsten (evtl. etwas Wasser hinzufügen).

Würstchenauflauf

Zubereitungszeit:
etwa 25 Min.
Backzeit: etwa 45 Min.

Pro Portion:
E: 65 g, F: 56 g, Kh: 35 g,
kJ: 4021, kcal: 961

- **500 g gekochte Pellkartoffeln**
- **2 lange Wiener Würstchen (je 125 g)**
- **1 Glas Champignonscheiben (Abtropfgewicht 185 g)**
- **2–3 grobe, ungebrühte Bratwürste**
- **150 g TK-Erbsen**
- **3 Eier**
- **125 ml (⅛ l) Milch**
- **125 ml (⅛ l) Schlagsahne**
- **Salz**
- **frisch gemahlener Pfeffer**
- **geriebene Muskatnuss**
- **100 g geriebener Gouda**
- **2 EL Semmelbrösel**
- **2 EL Butter**

1 Kartoffeln pellen. Kartoffeln und Würstchen in Scheiben schneiden und abwechselnd in eine gefettete, flache Auflauf- oder Gratinform schichten.

2 Champignonscheiben auf einem Sieb abtropfen lassen. Aus der Bratwurstmasse Klößchen formen und mit Champignons und Erbsen in den Zwischenräumen und auf den Kartoffel- und Würstchenscheiben verteilen.

3 Eier mit Milch und Sahne verschlagen, mit Salz, Pfeffer und Muskat würzen und über den Auflauf gießen. Den Auflauf mit Gouda und Semmelbröseln bestreuen und die Butter in Flöckchen darauf verteilen. Die Form auf dem Rost in den Backofen schieben.

Ober-/Unterhitze:
etwa 180 °C (vorgeheizt)
Heißluft: etwa 160 °C
(nicht vorgeheizt)
Gas:
Stufe 3–4 (nicht vorgeheizt)
Backzeit: etwa 45 Min.

Beilage:
Kopf- oder Tomatensalat.

Variante:
Bunter Kartoffelauflauf: Dafür 750 g Pellkartoffeln pellen. 2 Zucchini (400 g) und 3 Tomaten (300 g) putzen und waschen, 4 hart gekochte Eier pellen. Alle Zutaten in Scheiben schneiden und mit Salz und Pfeffer gewürzt in eine gefettete flache Auflaufform geben. 100 ml Gemüsebrühe darüber geben und backen wie oben angegeben. Nach 25 Minuten Backzeit 200 g geriebenen Käse über die Zutaten streuen und fertig backen. Mit 1 Esslöffel gehackten Majoranblättchen bestreuen und servieren.

Tipp:
Anstatt Champignonscheiben aus dem Glas frische Champignons verwenden. Dafür 200 g Champignons putzen, mit Küchenpapier abreiben, evtl. waschen und trockentupfen. Die Champignons in Scheiben schneiden und in 1 Esslöffel Butter 5 Minuten dünsten.

Rustikaler Auflauf „Cabanossi"

Zubereitungszeit:
etwa 35 Min.
Garzeit: etwa 60 Min.

Pro Portion:
E: 25 g, F: 27 g, Kh: 35 g,
kJ: 2118, kcal: 505

- 2 dicke Möhren (etwa 250 g)
- 700 g fest kochende Kartoffeln
- 1 Stange Porree (Lauch, etwa 200 g)
- 1 Dose Sauerkraut (Abtropfgewicht 285 g)
- 1 Cabanossi (etwa 200 g)
- 300 ml Milch
- 3 Eier (Größe M)
- Paprikapulver edelsüß
- Salz
- frisch gemahlener Pfeffer

1 Möhren putzen, schälen, waschen und abtropfen lassen. Kartoffeln waschen, schälen, abspülen und abtropfen lassen. Möhren und Kartoffeln in Scheiben schneiden oder hobeln. Porree putzen, die Stange längs halbieren, waschen, abtropfen lassen und in feine Streifen schneiden.

2 Sauerkraut in einem Sieb abtropfen lassen. Cabanossi in Scheiben schneiden.

3 Kartoffel- und Möhrenscheiben in kochendem Salzwasser etwa 5 Minuten blanchieren, in ein Sieb geben, mit kaltem Wasser übergießen und abtropfen lassen.

4 Milch und Eier verrühren und mit Paprika, Salz und Pfeffer würzen. Möhren-, Kartoffelscheiben, Porreestreifen, Sauerkraut und Cabanossischeiben vermengen und in eine große, flache Auflaufform geben. Eiermilch darüber gießen. Die Form auf dem Rost in den Backofen schieben.

Ober-/Unterhitze:
etwa 180 °C (vorgeheizt)
Heißluft: etwa 160 °C
(nicht vorgeheizt)
Gas:
Stufe 2–3 (nicht vorgeheizt)
Garzeit: etwa 60 Min.

Beilage:
Kümmel- oder Zwiebelbaguette.

Variante:
Statt der Cabanossi können auch 2 Mettendchen oder Räucherwürstchen verwendet werden. Sie können auch 2 große grüne Paprikaschoten halbieren, entstielen, entkernen und die weißen Scheidewände entfernen, die Schoten waschen und in Streifen schneiden. Paprikastreifen in kochendem Salzwasser 1–2 Minuten blanchieren, in ein Sieb geben und gut abtropfen lassen. Die Paprikastreifen statt Möhren und Porree zum Sauerkraut geben.

Tipp:
Würzen Sie den Auflauf zusätzlich mit 1 Teelöffel Kümmelsamen zur besseren Verträglichkeit.

Fleischkäse-Gemüse-Auflauf

Zubereitungszeit:
etwa 25 Min.
Backzeit: etwa 35 Min.

Pro Portion:
E: 29 g, F: 59 g, Kh: 21 g,
kJ: 3180, kcal: 760

- **1 Stange Porree (Lauch)**
- **1 rote Paprikaschote**
- **1 Dose Gemüsemais (Abtropfgewicht 285 g)**
- **3 EL Speiseöl**
- **150 g TK-Erbsen**
- **Salz**
- **frisch gemahlener Pfeffer**
- **Cayennepfeffer**
- **4 Scheiben Fleischkäse (je 100 g)**
- **4 Eier (Größe M)**
- **200 ml Schlagsahne**
- **100 g geraspelter Emmentaler**

1 Porree putzen, längs halbieren, gründlich waschen und in Streifen schneiden. Paprikaschote halbieren, entstielen, entkernen und die weißen Scheidewände entfernen, Schote waschen und in Streifen schneiden. Mais auf einem Sieb abtropfen lassen.

2 Öl in einem Bräter erhitzen und Porree- und Paprikastreifen darin andünsten. Mais und Erbsen hinzufügen und mit andünsten. Mit Salz, Pfeffer und Cayennepfeffer würzen und evtl. etwas Wasser hinzufügen. Fleischkäse in Streifen schneiden und unter die Gemüse-Fleischkäse-Mischung heben.

3 Eier mit Sahne verschlagen, mit den Gewürzen abschmecken und über das Gemüse geben. Mit Emmentaler bestreuen. Den Bräter auf dem Rost in den Backofen schieben.

Ober-/Unterhitze:
etwa 200 °C (vorgeheizt)
Heißluft:
etwa 180 °C (vorgeheizt)
Gas: Stufe 3–4 (vorgeheizt)
Backzeit: etwa 35 Min.

Tipp:

Wer keinen passend großen Bräter oder eine feuerfeste Pfanne hat, kann die angedünstete Gemüse-Fleischkäse-Mischung auch in eine gefettete Auflaufform umfüllen und erst dann mit der Eiersahne übergießen und mit Emmentaler bestreuen.

Westernauflauf

*Zubereitungszeit:
etwa 35 Min.
Backzeit: etwa 60 Min.*

*Pro Portion:
E: 48 g, F: 58 g, Kh: 37 g,
kJ: 3811, kcal: 911*

- **500 g Rindergulasch**
- **100 g durchwachsener Speck**
- **1 Gemüsezwiebel**
- **1 grüne Paprikaschote**
- **1 Dose Gemüsemais (Abtropfgewicht 240 g)**
- **1 Dose Kidneybohnen (Abtropfgewicht 250 g)**
- **1 Dose Champignonscheiben (Abtropfgewicht 215 g)**
- **3 EL Speiseöl**
- **Salz**
- **frisch gemahlener Pfeffer**
- **Paprikapulver edelsüß**
- **Cayennepfeffer**
- **2 EL Tomatenmark**
- **1 Dose stückige Tomaten (Einwaage 400 g)**
- **125 ml (⅛ l) Fleischbrühe**
- **75 g geraspelter Käse**

1 Das Gulasch evtl. unter fließendem kalten Wasser abspülen, trockentupfen und etwas kleiner schneiden. Speck in Würfel schneiden.

2 Gemüsezwiebel abziehen, halbieren und in feine Streifen schneiden. Paprikaschote halbieren, entstielen, entkernen und die weißen Scheidewände entfernen, Schote waschen und in feine Streifen schneiden. Mais, Kidneybohnen und Champignonscheiben auf einem Sieb abtropfen lassen.

3 Öl in einer großen Pfanne oder einem großen Topf erhitzen und den Speck darin auslassen. Das Gulasch darin rundherum anbraten. Zwiebel- und Paprikastreifen hinzufügen und unter Rühren darin andünsten.

4 Mit Salz, Pfeffer, Paprika und Cayennepfeffer bestreuen. Tomatenmark unterrühren. Mais, Kidneybohnen, Champignonscheiben, Tomaten und Brühe unterrühren und erhitzen.

5 Alles in eine große, flache, gefettete Auflaufform geben und mit einem Deckel oder Alufolie abdecken. Die Form auf dem Rost in den Backofen schieben.

Ober-/Unterhitze:
etwa 180 °C (vorgeheizt)
Heißluft: etwa 160 °C
(nicht vorgeheizt)
Gas:
Stufe 2–3 (nicht vorgeheizt)
Backzeit: etwa 40 Min.

6 Den Deckel oder Alufolie entfernen, den Auflauf mit dem Käse bestreuen und **weitere 20 Minuten garen.**

Beilage:
Spätzle.

Tipp:
Das Gericht schmeckt auch sehr gut mit Rinderschulter oder Rinderkamm anstelle von Rindergulasch. Der Auflauf wird dadurch sämiger. Das Gericht kann auch auf der Kochstelle zubereitet werden, es dann bei schwacher Hitze etwa 1 Stunde garen. Zwischendurch umrühren.

Spätzle-Hähnchen-Auflauf

**Zubereitungszeit:
etwa 25 Min.
Garzeit: 30–35 Min.**

**Pro Portion:
E: 54 g, F: 51 g, Kh: 84 g,
kJ: 4397, kcal: 1051**

- 250 g getrocknete Spätzle
- 600 g Hähnchenbrustfilets
- 1 EL Weizenmehl
- 4 EL Speiseöl
- Salz
- frisch gemahlener Pfeffer
- 1 Dose Pfirsichhälften (Abtropfgewicht 490 g)
- 1 EL Currypulver
- 200 g Schmand
- 200 ml Schlagsahne
- 2 Bananen
- 100 g geriebener Gouda

1 Spätzle in reichlich Salzwasser nach Packungsanleitung bissfest kochen, in ein Sieb geben und abtropfen lassen. Spätzle in eine flache, gefettete Auflaufform geben.

2 Inzwischen Hähnchenbrustfilets unter fließendem kalten Wasser abspülen, trockentupfen, in Streifen schneiden und mit Mehl bestäuben.

3 Öl in einer Pfanne erhitzen und die Fleischstreifen darin von beiden Seiten etwa 5 Minuten braten. Dann mit Salz und Pfeffer würzen und auf die Spätzle in die Auflaufform geben.

4 Pfirsichhälften in ein Sieb geben und abtropfen lassen, dabei den Saft auffangen. Pfirsiche würfeln.

5 Currypulver zu dem Bratfett geben, mit dem Pfirsichsaft auffüllen, Schmand und Sahne hinzufügen und alles unter Rühren zum Kochen bringen.

6 Bananen schälen, in Scheiben schneiden und mit den Pfirsichwürfeln unterrühren. Die Mischung mit den Gewürzen abschmecken, über die Fleischstreifen geben und den Gouda darüber streuen. Die Form auf dem Rost in den Backofen schieben.

Ober-/Unterhitze:
etwa 200 °C (vorgeheizt)
Heißluft:
etwa 180 °C (vorgeheizt)
Gas: Stufe 3–4 (vorgeheizt)
Garzeit: 30–35 Min.

Variante:

Spätzle-Schnitzel-Auflauf: Dafür die Spätzle wie oben beschrieben garen. 600 g Schweinefilet unter fließendem kalten Wasser abspülen, trockentupfen und in Streifen schneiden, mit Mehl bestäuben und in 4 Esslöffeln Speiseöl etwa 7 Minuten braten. Mit Salz, Pfeffer und Paprika edelsüß würzen und auf die Spätzle geben. 1 Bund Frühlingszwiebeln putzen, in Ringe schneiden und über das Fleisch geben. 1 kleine Dose Aprikosen (240 g) auf ein Sieb zum Abtropfen geben, Saft auffangen und Aprikosenhälften evtl. halbieren, auf den Zutaten verteilen. Die Sauce wie oben beschrieben, aber mit Aprikosensaft zubereiten, abschmecken und über die Zutaten gießen, mit Käse bestreuen und wie oben angegeben backen.

Tipp:

Den Auflauf mit Petersilie garnieren.

Putenauflauf „Schwäbische Art"

Zubereitungszeit:
etwa 35 Min.
Garzeit: etwa 50 Min.

Pro Portion:
E: 39 g, F: 31 g, Kh: 26 g,
kJ: 2397, kcal: 572

- 150 g Zuckerschoten
- 3 Möhren (etwa 300 g)
- 400 g Putenbrustfilet
- 2 EL Pflanzenöl
- Salz
- frisch gemahlener Pfeffer
- Paprikapulver edelsüß
- 400–500 g Schupfnudeln (Kühlregal oder TK-Schupfnudeln)
- 200 ml Schlagsahne
- 150 ml Milch
- 4 Eier (Größe M)
- 1 Pck. (25 g) TK-Küchenkräuter

1 Zuckerschoten putzen, die Enden abschneiden, Schoten waschen, abtropfen lassen und quer halbieren. Möhren putzen, schälen, waschen, abtropfen lassen und in dünne Scheiben schneiden oder hobeln. Zuckerschoten und Möhrenscheiben in kochendem Salzwasser etwa 2 Minuten blanchieren, mit kaltem Wasser übergießen und in einem Sieb gut abtropfen lassen.

2 Putenbrustfilet unter fließendem kalten Wasser abspülen, trockentupfen und in Streifen schneiden. Öl in einer Pfanne erhitzen und Putenbruststreifen evtl. in zwei Portionen unter mehrmaligem Wenden darin anbraten, mit Salz, Pfeffer und Paprika würzen.

3 Schupfnudeln, Zuckerschoten, Möhrenscheiben und Putenbruststreifen gut vermengen und in eine flache Auflaufform geben.

4 Sahne, Milch, Eier und Kräuter gut verrühren und mit Salz und Pfeffer würzen. Die Eiersahne darüber gießen. Die Form auf dem Rost in den Backofen schieben.

Ober-/Unterhitze:
etwa 180 °C (vorgeheizt)
Heißluft: etwa 160 °C
(nicht vorgeheizt)
Gas:
Stufe 2–3 (nicht vorgeheizt)
Garzeit: etwa 50 Min.

Beilage:
Bunte Blattsalate und Brot.

Variante:
Statt Putenbrustfilet kann auch 400 g Schweinefilet verwendet werden. Statt mit Schupfnudeln können Sie den Auflauf auch mit der gleichen Menge Spätzle aus dem Kühlregal zubereiten.

Tipp:
Anstatt 200 ml Schlagsahne und 150 ml Milch kann auch 200 ml Milch und 1 Becher (150 g) Crème fraîche verwendet werden.

Aufläufe mit Fleisch

Gratinierte Putenstreifen

Zubereitungszeit:
etwa 30 Min.
Überbackzeit:
etwa 20 Min.

Pro Portion:
E: 21 g, F: 15 g, Kh: 7 g,
kJ: 1110, kcal: 265

- 500 g Putenbrust
- 3 EL Speiseöl
- 1 Knoblauchzehe
- 1 TL Salz
- frisch gemahlener Pfeffer
- getrocknete Kräuter der Provence
- 1 Glas Artischockenherzen (Abtropfgewicht 240 g)
- 4 mittelgroße Tomaten
- 1 EL Olivenöl
- 2 EL Zitronensaft
- 100 g geriebener Emmentaler
- 1 EL Basilikumstreifen

1 Putenbrust unter fließendem kalten Wasser abspülen, trockentupfen und in breite Streifen schneiden. Speiseöl in einer Pfanne erhitzen, die Putenbruststreifen darin in 2 Portionen von allen Seiten kurz anbraten.

2 Knoblauch abziehen, würfeln, mit Salz zu einer Paste zerreiben und mit den Putenbruststreifen vermengen. Mit Pfeffer, Kräutern der Provence würzen.

3 Artischockenherzen in ein Sieb geben und gut abtropfen lassen. Tomaten waschen, abtrocknen und halbieren, die Stängelansätze herausschneiden und Tomaten in Viertel schneiden.

4 Fleischstreifen, Artischockenherzen und Tomatenviertel in einer flachen Auflaufform verteilen. Olivenöl und Zitronensaft darüber träufeln und Emmentaler darüber streuen. Die Form auf dem den Backofen schieb

Ober-/Unterhitze:
etwa 200 °C (vorgeheizt)
Heißluft:
etwa 180 °C (vorgeheizt)
Gas: Stufe 3–4 (vorgeheizt)
Überbackzeit: etwa 20 Min.

5 Den Auflauf vor dem Servieren mit Basilikum bestreuen.

Beilage:
Kräuterkartoffeln: Dafür 1 kg kleine Kartoffeln waschen, mit Salzwasser bedeckt in etwa 20 Minuten gar kochen, abgießen, kalt abspülen, pellen und in etwa 3 Esslöffeln Olivenöl oder 30 g Butterschmalz hellbraun braten, mit Salz und Pfeffer würzen. Zum Schluss 2 abgezogene, in Scheiben geschnittene Knoblauchzehen und ½ Päckchen TK-gemischte Kräuter kurz mitbraten.

Tipp:
Die Tomaten nach Belieben enthäuten.

Schau´n Sie doch mal, was uns hier ins Netz gegangen ist!

Aufläufe mit Fisch

Maritimer Spaghettiauflauf

Zubereitungszeit:
etwa 25 Min., ohne Auftauzeit
Backzeit: etwa 40 Min.

Pro Portion:
E: 37 g, F: 50 g, Kh: 72 g,
kJ: 4181, kcal: 999

- 200 g TK-Muscheln (ohne Schale)
- 2½ l Wasser
- 2½ TL Salz
- 250 g Spaghetti
- 200 g Lachsfilet
- 150 g grüner Spargel
- Salz
- 1 Bund glatte Petersilie
- frisch gemahlener Pfeffer
- 2–3 EL Zitronensaft
- 400 ml Schlagsahne
- 2 Eier (Größe M)
- 2 EL geriebener Parmesan
- 4 EL geriebenes Weißbrot
- 40 g Butter

1 Muscheln auftauen lassen. Wasser in einem großen Topf mit geschlossenem Deckel zum Kochen bringen. Salz und Nudeln zugeben und Nudeln im geöffneten Topf bei mittlerer Hitze knapp bissfest garen. Zwischendurch 4–5-mal umrühren. Die Nudeln auf ein Sieb geben, mit Wasser abspülen und abtropfen lassen.

2 Lachsfilet unter fließendem kalten Wasser abspülen, mit Küchenpapier abtupfen und in Würfel schneiden. Spargel waschen, die unteren holzigen Enden abschneiden, Spargel in Salzwasser etwa 4 Minuten kochen und auf ein Sieb geben.

3 Petersilie abspülen, trockentupfen, die Blättchen von den Stängeln zupfen und grob hacken.

4 Spaghetti, Lachswürfel, Muscheln, Spargel und Petersilie gut mischen, in eine gefettete Auflaufform füllen und mit Salz, Pfeffer und Zitronensaft würzen.

5 Sahne mit Eiern verschlagen, mit Salz und

(Fortsetzung Seite 30)

Pfeffer würzen und über den Auflauf gießen. Parmesan und Weißbrot vermischen und darüber streuen. Mit Butter in Flöckchen belegen. Die Form auf dem Rost in den Backofen schieben.

Ober-/Unterhitze:
etwa 180 °C (vorgeheizt)
Heißluft: etwa 160 °C (nicht vorgeheizt)
Gas:
Stufe 2–3 (nicht vorgeheizt)
Backzeit: etwa 40 Min.

Hawaii-Auflauf mit Garnelen

**Zubereitungszeit:
etwa 30 Min., ohne
Auftau- und Marinierzeit
Garzeit: 20–25 Min.**

**Pro Portion:
E: 25 g, F: 37 g, Kh: 42 g,
kJ: 2638, kcal: 630**

- **300 g gekochte, geschälte TK-Garnelen**

Für die Marinade:
- **1–2 Knoblauchzehen**
- **Saft von ½ Zitrone**
- **4 EL Sonnenblumenöl**

- **2 Bund Frühlingszwiebeln (etwa 400 g)**
- **1 EL Sonnenblumenöl**
- **Salz**
- **175 g Tomaten**
- **1 Dose Ananasstücke (Abtropfgewicht 265 g)**
- **1 Beutel Kartoffelpüree (für 3 Portionen)**
- **500 ml (½ l) Wasser**
- **Salz**
- **Pfeffer**

Für die Sauce:
- **250 ml (¼ l) Schlagsahne**
- **1–1½ EL Currypulver**
- **100 g geriebener Emmentaler**

1 Garnelen nach Packungsanleitung auftauen.

2 Für die Marinade Knoblauch abziehen und durch eine Knoblauchpresse in eine flache Schale drücken. Zitronensaft und Öl (4 Esslöffel) hinzufügen und gut verrühren. Die Garnelen hineingeben, wenden und zugedeckt im Kühlschrank 1–2 Stunden marinieren.

3 In der Zwischenzeit Frühlingszwiebeln putzen, waschen und in etwa 4 cm große Stücke schneiden. Das Öl (1 Esslöffel) in einer Pfanne erhitzen und die Frühlingszwiebelstücke darin unter Wenden 3–5 Minuten dünsten, mit Salz würzen.

4 Tomaten waschen, abtrocknen, die Stängelansätze herausschneiden und Tomaten in Scheiben schneiden. Ananasstücke in einem Sieb gut abtropfen lassen.

5 Kartoffelpüree mit Wasser nach Packungsanleitung – aber ohne Butterzusatz – zubereiten. Ananas- und Frühlingszwiebelstücke unter das Kartoffelpüree heben. Die Masse in eine große, flache Auflaufform füllen und Tomatenscheiben darauf verteilen, mit Salz und Pfeffer würzen.

6 Für die Sauce Sahne steif schlagen und zum Schluss Curry hinzufügen. Emmentaler unterheben.

7 Die Garnelen aus der Marinade nehmen, trockentupfen und über die Tomatenscheiben streuen. Die Sauce gleichmäßig darauf verteilen. Die Form auf dem Rost in den Backofen schieben.

Ober-/Unterhitze:
etwa 200 °C (vorgeheizt)
Heißluft:
etwa 180 °C (vorgeheizt)
Gas: Stufe 3–4 (vorgeheizt)
Garzeit: 20–25 Min.

Fischauflauf Mittelmeer

**Zubereitungszeit:
etwa 40 Min.
Backzeit: etwa 20 Min.**

**Pro Portion:
E: 32 g, F: 25 g, Kh: 12 g,
kJ: 1769, kcal: 423**

- 1 Gemüsezwiebel
- 500 g Auberginen
- 500 g Zucchini
- 5 EL Olivenöl
- 40 g Butter
- 4 Tomaten
- Salz
- frisch gemahlener Pfeffer
- 600 g Seelachsfilet
- 2 EL Zitronensaft
- gerebelter Oregano
- gerebeltes Basilikum

1 Die Gemüsezwiebel abziehen, vierteln und in Streifen schneiden.

2 Auberginen und Zucchini waschen, die Enden abschneiden, das Gemüse halbieren und in Scheiben schneiden.

3 Gemüse in erhitztem Olivenöl andünsten, evtl. 2 Esslöffel Wasser zugeben.

4 Eine feuerfeste Form mit 1 Teelöffel Butter einfetten und das Gemüse hineingeben.

5 Die Tomaten kurze Zeit in kochendes Wasser legen (nicht kochen lassen), in kaltem Wasser abschrecken, enthäuten und entkernen. Tomaten in Scheiben schneiden, auf dem Gemüse verteilen und mit Salz und Pfeffer bestreuen.

6 Das Seelachsfilet unter fließendem kalten Wasser abspülen, trockentupfen, mit Zitronensaft beträufeln und salzen, auf das Gemüse legen. Mit Pfeffer, Oregano, Basilikum bestreuen und die restliche Butter in Flöckchen darauf setzen. Die Form auf dem Rost in den Backofen schieben.

Ober-/Unterhitze:
etwa 200 °C (vorgeheizt)
Heißluft: etwa 180 °C (vorgeheizt)
Gas: Stufe 3–4 (vorgeheizt)
Backzeit: etwa 20 Min.

Beilage:
Risotto.

Lachsauflauf mit Wirsing

**Zubereitungszeit:
etwa 30 Min.
Backzeit: etwa 45 Min.**

**Pro Portion:
E: 48 g, F: 72 g, Kh: 12 g,
kJ: 3758, kcal: 898**

- 500 g junger Wirsing
- Salz
- 4 Frühlingszwiebeln
- 1 EL Butter
- 500 ml (½ l) Schlagsahne
- 3 Eier (Größe M)
- 1 Bund Dill
- frisch gemahlener Pfeffer
- 16 Scheiben Räucherlachs
- 8 Cocktailtomaten
- 10 grüne Spargelspitzen (blanchiert)
- 4 EL geriebener junger Gouda

1 Von dem Wirsing die schlechten Blätter entfernen, Wirsing halbieren, abspülen, den Strunk herausschneiden und Wirsing in Streifen schneiden.

2 Die Streifen in kochendem Salzwasser etwa 2 Minuten blanchieren, auf ein Sieb gießen und abtropfen lassen. Von den Frühlingszwiebeln Wurzeln und welke Blätter abschneiden, Frühlingszwiebeln waschen und in Ringe schneiden.

3 Butter zerlassen und Frühlingszwiebelringe darin andünsten, zum Wirsing geben. Sahne mit Eiern verschlagen. Dill abspülen, trockentupfen, fein hacken und unterrühren. Eiersahne mit Salz und Pfeffer würzen.

4 Eine ovale, feuerfeste Form ausfetten, 4 Räucherlachsscheiben zuerst hineinschichten, dann abwechselnd Wirsing und Lachs (4 Schichten Lachs, 3 Schichten Wirsing) hineingeben. Die Eiersahne darüber gießen. Die Form auf dem Rost in den Backofen schieben.

Ober-/Unterhitze:
etwa 180 °C (vorgeheizt)
Heißluft: etwa 160 °
(nicht vorgeheizt)
Gas:
Stufe 2–3 (nicht vorgeheizt)
Backzeit: etwa 45 Min.

5 Etwa 10 Minuten vor Ende der Backzeit den Auflauf herausnehmen, mit Cocktailtomaten und Spargelspitzen garnieren und mit Gouda bestreuen. Den Auflauf fertig backen.

Dorschfilet auf Wirsing

**Zubereitungszeit:
etwa 60 Min.
Garzeit: etwa 25 Min.**

**Pro Portion:
E: 41 g, F: 44 g, Kh: 14 g,
kJ: 2743, kcal: 655**

- **1 kleiner Wirsing (etwa 750 g)**
- **100 g Butter**
- **Salz**
- **frisch gemahlener, weißer Pfeffer**
- **1 TL gemahlener Kümmel**
- **250 ml (¼ l) Schlagsahne**
- **2 Eigelb (Größe M)**
- **750 g Dorschfilet**
- **2 EL Zitronensaft**
- **3 EL Semmelbrösel**

1 Von dem Wirsing die groben äußeren Blätter lösen, den Wirsing vierteln und den Strunk herausschneiden. Wirsing in schmale Streifen schneiden, abspülen und abtropfen lassen.

2 Ein Drittel der Butter in einem Topf zerlassen, den Wirsing darin andünsten und mit Salz, Pfeffer und Kümmel würzen. Etwas Wasser hinzugießen und zugedeckt etwa 15 Minuten garen.

3 Sahne mit Eigelb verquirlen, mit Salz und Pfeffer würzen und die Eiersahne mit dem Wirsing verrühren, in eine gefettete Auflaufform füllen.

4 Dorschfilet unter fließendem kalten Wasser abspülen, trockentupfen und in 4 Stücke schneiden, mit Zitronensaft beträufeln.

5 Ein weiteres Drittel der Butter in einer Pfanne zerlassen und die Fischstücke darin von beiden Seiten kurz anbraten, auf den Wirsing legen und salzen.

6 Semmelbrösel unter die restliche Butter rühren und auf dem Fisch verteilen. Die Form auf dem Rost in den Backofen schieben.

Ober-/Unterhitze:
etwa 200 °C (vorgeheizt)
Heißluft:
etwa 180 °C (vorgeheizt)
Gas: Stufe 3–4 (vorgeheizt)
Garzeit: etwa 25 Min.

Abwandlung:
Sie können das Dorschfilet auch in einer Kartoffelkruste braten. Dazu 750 g Kartoffeln waschen, schälen, abspülen und fein reiben. Die Kartoffelmasse gut ausdrücken, mit 1 Ei verrühren und mit Salz und Pfeffer würzen. Dorschfilet unter fließendem kalten Wasser abspülen, trockentupfen und mit etwas Weizenmehl bestäuben. Die Kartoffelmasse ringsum gut andrücken und den Fisch schwimmend in reichlich erhitztem Speiseöl braten. Den Wirsing bis zu Punkt 3 zubereiten und dazureichen.

36 Aufläufe mit Fisch

Räucherfischauflauf

Zubereitungszeit:
etwa 30 Min.
Backzeit: 30–40 Min.

Pro Portion:
E: 42 g, F: 84 g, Kh: 6 g,
kJ: 4134, kcal: 688

- 200 g Schillerlocken
- 200 g Räucheraal (Filet)
- 200 g geräucherter Steinbutt
- ½ rote Paprikaschote
- ½ grüne Paprikaschote
- 1 Zwiebel
- 2 EL Speiseöl
- frisch gemahlener Pfeffer
- Salz
- 200 g Broccoli
- 1 Bund gehackter Dill
- 400 ml Schlagsahne
- 2 Eier (Größe M)
- 40 g Butter
- 80 geriebener, mittelalter Gouda

1 Fisch in mundgerechte Stücke schneiden. Paprika entkernen, die weißen Scheidewände entfernen, Paprika waschen und in Würfel schneiden. Zwiebel abziehen und fein würfeln.

2 Paprika- und Zwiebelwürfel in dem erhitztem Öl leicht anbraten und mit Pfeffer und Salz würzen.

3 Broccoli waschen, die Röschen abschneiden und in kochendem Salzwasser 4–5 Minuten blanchieren, auf ein Sieb geben und abtropfen lassen. Mit den Fischstückchen, Paprika- und Zwiebelwürfeln und Dill mischen und in eine gebutterte Auflaufform füllen.

4 Sahne mit Pfeffer und Eiern verschlagen und über die Fisch-Gemüse-Mischung gießen.

5 Butter in Flöckchen und Gouda darüber geben. Die Form auf dem Rost in den Backofen schieben.

Ober-/Unterhitze:
etwa 200 °C (vorgeheizt)
Heißluft:
etwa 180 °C (vorgeheizt)
Gas: Stufe 3–4 (vorgeheizt)
Backzeit: 30–40 Min.

Beilage:
Bratkartoffeln und gemischter Salat.

Bunter Garnelenauflauf

Zubereitungszeit: etwa 30 Min.
Backzeit: etwa 30 Min.

Pro Portion:
E: 27 g, F: 44 g, Kh: 10 g,
kJ: 2398, kcal: 573

- 200 g weißer Spargel
- 200 g grüner Spargel
- Salz
- 400 g geschälte Garnelen
- 5 schwarze Oliven (entsteint)
- 5 grüne Oliven (entsteint)
- 250 g Cocktailtomaten (etwa 10 Stück)
- 200 ml Schlagsahne
- 1 Becher (150 g) Crème fraîche
- 2 Eier (Größe M)
- 1 Bund gehackter Dill
- 2 TL grüne Pfefferkörner (in Lake)
- 1 TL rosa Pfefferkörner (zerstoßen)
- 50 g Butter

1 Spargel putzen, schälen, waschen und in mundgerechte Stücke schneiden.

2 Zuerst den weißen Spargel in kochendes Salzwasser geben, nach 5 Minuten Kochzeit den grünen Spargel hinzufügen, nach weiteren 4 Minuten den Spargel auf ein Sieb geben und abtropfen lassen.

3 Die abgetropften Spargelstücke vorsichtig mit Garnelen, Oliven und gewaschenen, evtl. halbierten Cocktailtomaten vermischen. Die Zutaten in eine gefettete Auflaufform füllen.

4 Schlagsahne mit Crème fraîche und Eiern verrühren und mit Salz, Dill, grünen und rosa Pfefferkörnern würzen, über den Auflauf gießen. Butter in Flöckchen darauf setzen. Die Form auf dem Rost in den Backofen schieben.

Ober-/Unterhitze:
etwa 180 °C (vorgeheizt)
Heißluft:
etwa 160 °C (vorgeheizt)
Gas: Stufe 2–3 (vorgeheizt)
Backzeit: etwa 30 Min.

Tipp:
Dazu passen in Knoblauchbutter geröstete Baguettescheiben.

Mittelmeer-Auflauf (Titelrezept)

**Zubereitungszeit:
etwa 40 Min.
Garzeit: etwa 20 Min.**

**Pro Portion:
E: 39 g, F: 74 g, Kh: 18 g,
kJ: 3763, kcal: 898**

- **1 Gemüsezwiebel**
- **5 Knoblauchzehen**
- **je 2 rote und grüne Paprikaschoten**
- **2 kleine Zucchini (etwa 400 g)**
- **1 Aubergine (etwa 250 g)**
- **6 EL Olivenöl**
- **Salz**
- **frisch gemahlener Pfeffer**
- **Zitronenpfeffer**
- **Paprikapulver edelsüß**
- **1 TL getrockneter Oregano**
- **3 Dosen Thunfisch in Öl (Abtropfgewicht je 135 g)**
- **4 Tomaten**
- **200 g Schafkäse**
- **40 g schwarze Oliven**
- **1 Limette**

1 Zwiebel und Knoblauch abziehen. Zwiebel halbieren und in Scheiben schneiden. Knoblauch fein würfeln.

2 Paprika halbieren, entstielen, entkernen und die weißen Scheidewände entfernen. Die Schoten waschen, abtropfen lassen und in Streifen schneiden. Zucchini und Aubergine waschen und abtrocknen. Von den Zucchini die Enden abschneiden. Bei der Aubergine den Stängelansatz entfernen und Zucchini und Aubergine in dünne Scheiben schneiden.

3 Olivenöl in einer großen Pfanne erhitzen und Zwiebelscheiben und Knoblauchwürfel darin andünsten. Gemüse, evtl. in 2 Portionen, hinzugeben und mit andünsten. Mit Salz, Pfeffer, Zitronenpfeffer, Paprika und Oregano würzen.

4 Thunfisch mit einer Gabel etwas zerpflücken. Das angedünstete Gemüse in eine flache Auflaufform geben und den Thunfisch darauf verteilen. Mit Pfeffer und Oregano bestreuen.

5 Tomaten waschen, abtrocknen und die Stängelansätze herausschneiden. Tomaten in Scheiben schneiden und auf den Thunfisch legen. Schafkäse zerbröseln und mit den Oliven auf dem Auflauf verteilen.

6 Limette gründlich waschen, abtrocknen und dünn schälen. Limette in dünne Scheiben schneiden, auf den Auflauf geben. Die Auflaufform auf dem Rost in den Backofen schieben.

Ober-/Unterhitze:
etwa 180 °C (vorgeheizt)
Heißluft:
etwa 160 °C (vorgeheizt)
Gas: Stufe 2–3 (vorgeheizt)
Garzeit: etwa 20 Min.

Beilage:
Risotto oder Ciabatta.

Asiatischer Auflauf

Zubereitungszeit:
etwa 35 Min., ohne
Auftauzeit
Garzeit: 10–15 Min.

Pro Portion:
E: 27 g, F: 16 g, Kh: 68 g,
kJ: 2214, kcal: 530

- **350 g TK-Garnelen (ohne Schale, mit Schwanz, entdarmt)**
- **Wasser**
- **250 g China-Reisnudeln**
- **2 Zwiebeln**
- **2 Knoblauchzehen**
- **1 rote Paprikaschote**
- **200 g Mungobohnensprossen**
- **200 g Zuckerschoten**
- **1 Stange Porree (Lauch)**
- **3 EL Speiseöl**
- **2 EL Sojasauce**
- **1 TL Sambal Oelek**
- **1 TL gemahlener Kreuzkümmel (Cumin)**
- **2 EL chinesische Austernsauce (Spezialitätenregal von Supermärkten)**
- **1 EL Currypulver**
- **2 EL Sesamsamen**
- **2 EL Speiseöl**

1 Garnelen nach Packungsanleitung auftauen. Wasser in einem Topf zum Kochen bringen. Reisnudeln dazugeben und nach Packungsanleitung kochen. Dann in ein Sieb geben, mit kaltem Wasser übergießen und abtropfen lassen.

2 Zwiebeln und Knoblauch abziehen und in feine Würfel schneiden. Paprikaschote halbieren, entstielen, entkernen und die weißen Scheidewände entfernen. Die Schote waschen, abtropfen lassen und in kleine Würfel schneiden. Mungobohnensprossen in ein Sieb geben, unter fließendem kalten Wasser abspülen und gut abtropfen lassen (dazu evtl. auf ein Küchentuch geben).

3 Von den Zuckerschoten die Enden abschneiden und die Schoten evtl. abfädeln. Zuckerschoten waschen, abtropfen lassen und halbieren. Von dem Porree die Außenblätter entfernen und Wurzelende und dunkles Grün abschneiden. Die Stange längs halbieren, gründlich waschen und abtropfen lassen. Die Porreestange in etwa 2 cm lange Stücke schneiden.

4 Speiseöl in einer großen Pfanne erhitzen und zuerst die Zwiebel- und Knoblauchwürfel darin andünsten. Dann die Paprika- und Porreestücke dazugeben und etwa 8 Minuten mitdünsten lassen. Sprossen mit den Zuckerschoten in die Pfanne geben und kurz mit andünsten.

5 Garnelen mit den Reisnudeln mischen. Mit Sojasauce, Sambal Oelek, Kreuzkümmel, Austernsauce und Curry würzen, in eine große flache Auflaufform geben und das Gemüse unterheben.

6 Den Auflauf mit Sesamsamen bestreuen, mit dem Speiseöl beträufeln. Die Auflaufform auf dem Rost in den Backofen schieben.

Ober-/Unterhitze:
etwa 200 °C (vorgeheizt, unteres Drittel)
Heißluft:
etwa 180 °C (vorgeheizt)
Gas:
Stufe 3–4 (vorgeheizt, unteres Drittel)
Garzeit: 10–15 Min.

Rotbarschauflauf

**Zubereitungszeit:
etwa 30 Min.
Garzeit: etwa 40 Min.**

**Pro Portion:
E: 39 g, F: 28 g, Kh: 30 g,
kJ: 2290, kcal: 458**

- **450 g Kartoffeln**
- **1 Zwiebel**
- **500 g Fenchelknollen**
- **1 rote Paprikaschote**
- **200 g Möhren**
- **Salz**
- **frisch gemahlener Pfeffer**
- **1 Becher (150 g) Crème fraîche**
- **150 g Naturjoghurt**
- **80 ml trockener Wermut**
- **2 EL Zitronensaft**
- **500 g Rotbarschfilet**
- **120 g geriebener Gouda**
- **2 EL Semmelbrösel**
- **2 EL Sonnenblumenkerne**
- **1 Bund Dill**

1 Kartoffeln waschen, schälen, abspülen und grob raspeln. Zwiebel abziehen und in Würfel schneiden. Von den Fenchelknollen die Stiele dicht oberhalb der Knollen abschneiden, braune Stellen und Blätter entfernen (etwas Fenchelgrün beiseite legen) und die Wurzelenden gerade schneiden. Knollen waschen und in Scheiben schneiden.

2 Paprika halbieren, entstielen, entkernen und die weißen Scheidewände entfernen. Schote waschen, abtropfen lassen und in Würfel schneiden. Möhren putzen, schälen, waschen und in Scheiben schneiden. Gemüsestücke miteinander mischen und mit Salz und Pfeffer würzen.

3 Crème fraîche mit Joghurt, Wermut und Zitronensaft verrühren und mit Salz und Pfeffer würzen.

4 Kartoffelraspel mit den Zwiebelwürfeln in eine große flache Auflaufform geben. Die Hälfte der Gemüsestücke darauf verteilen.

5 Rotbarschfilet unter fließendem kalten Wasser abspülen, trockentupfen und in größere Stücke schneiden, evtl. vorhandene Gräten entfernen. Filetstücke auf das Gemüse legen und mit den restlichen Gemüsestücken bedecken.

6 Crème fraîche-Joghurt-Sauce über den Fischauflauf gießen. Zuerst mit Käse, dann mit Semmelbröseln und Sonnenblumenkernen bestreuen. Die Form auf dem Rost in den Backofen schieben.

Ober-/Unterhitze:
etwa 200 °C (vorgeheizt, unteres Drittel)
Heißluft: etwa 180 °C (nicht vorgeheizt)
Gas:
Stufe 3–4 (nicht vorgeheizt, unteres Drittel)
Garzeit: etwa 40 Min.

7 Zum Garnieren Dill abspülen, trockentupfen und die Spitzen von den Stängeln zupfen. Den Auflauf mit beiseite gelegtem Fenchelgrün und Dillspitzen bestreut servieren.

Tipp:
Sie können auch TK-Rotbarschfilet verwenden. Das TK-Rotbarschfilet dann vor der Zubereitung nach Packungsanleitung auftauen lassen.

Von A–Z, von Aubergine bis Zucchini, da gibt es nichts, was es nicht gibt!

Aufläufe mit Gemüse

Bohnenauflauf

Zubereitungszeit: etwa 25 Min.
Garzeit: etwa 35 Min.

Pro Portion:
E: 19 g, F: 38 g, Kh: 12 g,
kJ: 2025, kcal: 483

- 750 g TK-Bohnen
- 1 große Zwiebel
- 75 g durchwachsener Speck
- 1 EL Speiseöl
- ½ Bund gehackte Petersilie
- 75 g roher, gewürfelter Schinken

Für die Sauce:
- 2 Eier (Größe M)
- 100 g saure Sahne
- 100 g Crème fraîche
- 175 g Gratin-Käse
- Salz
- Pfeffer
- Paprikapulver edelsüß

- 25 g Gratin-Käse
- 30 g Butter

1 Bohnen in einem Topf nach Packungsanleitung halbgar kochen und in einem Sieb abtropfen lassen.

2 Inzwischen Zwiebel abziehen und fein würfeln. Speck in Würfel schneiden und mit Öl in einer Pfanne auslassen. Zwiebelwürfel darin andünsten. Petersilie abspülen, trockentupfen, fein hacken und unter die Speck-Zwiebel-Masse rühren. Bohnen mit der Speck-Zwiebel-Masse und den Schinkenwürfeln mischen und in eine Auflaufform geben.

3 Für die Sauce Eier, saure Sahne, Crème fraîche und Käse verrühren und mit Salz und Pfeffer würzen. Die Sauce auf der Bohnenmasse verteilen. Käse darüber streuen und Butterflöckchen darauf setzen.

4 Die Auflaufform auf dem Rost in den Backofen schieben.

Ober-/Unterhitze:
etwa 200 °C (vorgeheizt)
Heißluft:
etwa 180 °C (vorgeheizt)
Gas: Stufe 3–4 (vorgeheizt)
Garzeit: etwa 35 Min.

Kohlrabiauflauf mit Käsekruste

**Zubereitungszeit:
etwa 30 Min.
Backzeit: 25–30 Min.**

**Pro Portion:
E: 45 g, F: 26 g, Kh: 18 g,
kJ: 2020, kcal: 484**

- 1 kg Kohlrabi
- 250 ml (¼ l) Hühnerbrühe
- 40 g Butter
- 30 g Weizenmehl
- 250 ml (¼ l) Milch
- Salz
- frisch gemahlener Pfeffer
- geriebene Muskatnuss
- 400 g Hähnchenbrustfilets
- 150 g geriebener Käse, z. B. Emmentaler

Zum Bestreuen:
- 2 EL gehackte Petersilie

1 Kohlrabi schälen, waschen, halbieren und in Scheiben schneiden. Hühnerbrühe aufkochen lassen und die Kohlrabischeiben darin zugedeckt etwa 10 Minuten garen. Anschließend in einem Sieb abtropfen lassen, den Kochfond dabei auffangen.

2 Butter in einem Topf zerlassen, Mehl darin hellgelb rösten und Kochfond und Milch unter Rühren hinzufügen. Die Sauce mit Salz, Pfeffer und Muskat würzen und etwa 2 Minuten köcheln lassen.

3 Die Hähnchenbrustfilets unter fließendem kalten Wasser abspülen, trockentupfen, in feine Streifen schneiden und mit Salz und Pfeffer würzen.

4 Eine flache Auflaufform leicht fetten und Kohlrabischeiben und Hähnchenbrustfiletstreifen einschichten. Sauce darüber verteilen und mit Käse bestreuen. Die Form auf dem Rost in den Backofen schieben.

Ober-/Unterhitze:
etwa 200 °C (vorgeheizt)
Heißluft:
etwa 180 °C (vorgeheizt)
Gas: Stufe 3–4 (vorgeheizt)
Backzeit: 25–30 Min.

5 Den Auflauf vor dem Servieren mit gehackter Petersilie bestreuen.

Beilage:
Kartoffeln, in Butter geschwenkt.

Tipp:
Statt Hähnchenbrustfilets eignet sich für diesen Auflauf auch gekochter Schinken, Fleischwurst oder Kasseler.

Kürbisauflauf

***Zubereitungszeit:
etwa 40 Min.
Backzeit: 25–30 Min.***

***Pro Portion:
E: 30 g, F: 38 g, Kh: 9 g,
kJ: 2180, kcal: 520***

Für den Auflauf:
- 1 kg Kürbis
- 125 ml (⅛ l) Fleischbrühe (Instant)
- 150 g gekochter Schinken, in Scheiben

Für die Sauce:
- 125 ml (⅛ l) Milch
- 1 Becher (150 g) Crème fraîche
- 150 g mittelalter, geriebener Gouda
- 3 Eier (Größe M)
- 1 TL gehackte Petersilie
- Salz
- frisch gemahlener Pfeffer
- 1 Msp. Cayennepfeffer

Zum Bestreuen:
- 50 g mittelalter, geriebener Gouda
- 1 TL gehackte Petersilie

1 Für den Auflauf Kürbis schälen, halbieren und die Kerne mit einem Löffel herauskratzen. Das Kürbisfleisch in 2–3 cm dicke Scheiben schneiden. Kürbisscheiben in einem Topf mit der Fleischbrühe etwa 10 Minuten vorgaren. Schinken in Streifen schneiden.

2 Kürbisscheiben und Schinkenstreifen in einer flachen Auflaufform (gefettet) einschichten.

3 Für die Sauce Milch, Crème fraîche, Käse und Eier gut verrühren. Petersilie hinzugeben und mit Salz, Pfeffer und Cayennepfeffer abschmecken. Kürbisscheiben und Schinkenstreifen mit der Sauce übergießen und Käse darüber streuen. Die Form auf dem Rost in den Backofen schieben.

Ober-/Unterhitze:
etwa 200 °C (vorgeheizt)
Heißluft:
etwa 180 °C (vorgeheizt)
Gas: Stufe 3–4 (vorgeheizt)
Backzeit: 25–30 Min.

4 Den Kürbisauflauf vor dem Servieren mit gehackter Petersilie bestreuen.

Beilage:
Gemischter Blattsalat.

Italienischer Gemüseauflauf

Zubereitungszeit:
etwa 30 Min., ohne
Abkühlzeit
Backzeit: 25–30 Min.

Pro Portion:
E: 14 g, F: 30 g, Kh: 8 g,
kJ: 1585, kcal: 379

- 2 gelbe Paprikaschoten
- 2 rote Paprikaschoten
- 4 mittelgroße Zucchini
- 1 Knoblauchzehe
- 1 Bund Basilikum
- 200 g Mozzarella
- 50 g schwarze Oliven
- Salz
- frisch gemahlener Pfeffer
- 6 EL Olivenöl

1 Paprika halbieren, entstielen, entkernen und die weißen Scheidewände entfernen. Schoten waschen und auf dem Backblech im vorgeheizten Backofen bei 250 °C (Heißluft: 220 °C; Gas: Stufe 5) so lange rösten, bis die Haut Blasen wirft (etwa 10 Minuten). Mit einem feuchten Küchentuch kurz zudecken. Die Haut abziehen und die Paprikaschoten in grobe Streifen schneiden.

2 Während die Paprika rösten, Zucchini putzen, die Enden abschneiden, Zucchini waschen und in Scheiben schneiden. Knoblauchzehe abziehen und fein würfeln. Basilikum abspülen und trockentupfen, die Blättchen abzupfen und in Streifen schneiden. Mozzarella in Scheiben schneiden.

3 Eine Auflaufform leicht einfetten, Paprikastreifen, Mozzarella- und Zucchinischeiben und Oliven hineingeben und alles mit Salz und Pfeffer kräftig würzen.

4 Olivenöl mit Knoblauch und Basilikum verrühren, über dem Gemüse verteilen. Die Form auf dem Rost in den Backofen schieben.

Ober-/Unterhitze:
etwa 200 °C (vorgeheizt)
Heißluft:
etwa 180 °C (vorgeheizt)
Gas: Stufe 3–4 (vorgeheizt)
Backzeit: 25–30 Min.

Beilage:
Stangenweißbrot und Chianti.

Variante:
Italienischer Puten-Gemüseauflauf: Dafür 200–250 g geräucherte Putenbrust in kleine Scheiben schneiden und mit einschichten. Die Anzahl der Zucchini kann dann auf 2–3 verringert werden. Nach Belieben kann ein Teil der Zucchini durch Champignonscheiben ersetzt werden.

Tipp:
Das Gemüse zusätzlich mit italienischen Kräutern würzen.

Provenzalischer Gemüseauflauf

Zubereitungszeit:
etwa 30 Min.
Backzeit: 35–45 Min.

Pro Portion:
E: 3 g, F: 22 g, Kh: 10 g,
kJ: 1093, kcal: 262

- **1 mittelgroße Zucchini (etwa 250 g)**
- **1 mittelgroße Aubergine (etwa 300 g)**
- **1 kleine Gemüsezwiebel**
- **2 EL Olivenöl**
- **1 Fleischtomate**
- **Salz**
- **frisch gemahlener Pfeffer**
- **Kräuter der Provence**
- **½ Glas Kapernäpfel (130 g)**
- **2 Eier (Größe M)**
- **200 ml Schlagsahne**

1 Zucchini und Aubergine putzen, Enden abschneiden und beides waschen, trockentupfen und in längliche, kleine Stücke schneiden. Zwiebel abziehen und würfeln. Öl erhitzen und Zwiebelwürfel mit den Gemüsestreifen darin andünsten.

2 Fleischtomate waschen, Stängelansatz entfernen, Tomate vierteln, entkernen und grob zerkleinern.

3 Vorbereitetes Gemüse mit Salz, Pfeffer und Kräutern der Provence würzen, mit den Kapernäpfeln mischen und in eine große, flache, gefettete Auflaufform füllen.

4 Eier mit der Sahne verquirlen, mit Salz und Pfeffer würzen und über das Gemüse gießen. Die Form auf dem Rost in den Backofen schieben.

Ober-/Unterhitze:
etwa 180 °C (vorgeheizt)
Heißluft: etwa 160 °C
(nicht vorgeheizt)
Gas:
Stufe 2–3 (nicht vorgeheizt)
Backzeit: 35–45 Min. (je nach Höhe der Form).

Variante:
Spanischer Gemüseauflauf:
Dafür 1 Zucchini putzen, Enden abschneiden, Zucchini waschen und in Scheiben schneiden. Je 1 rote und gelbe Paprikaschote vierteln, entstielen, entkernen und die weißen Scheidewände entfernen, Schoten waschen und in Streifen schneiden. Zucchini, Paprika, die wie oben vorbereitete Zwiebel und 250 g gekochte, gewürfelte Kartoffeln in 2 Esslöffel Olivenöl andünsten und mit Salz, Pfeffer und 1–2 Teelöffel gerebeltem Oregano würzen. 100 g schwarze Oliven zugeben und die Gemüsemischung in die gefettete flache Auflaufform geben. Wie unter Punkt 4 beschrieben weiter verarbeiten und backen.

Tipp:
Den Auflauf nach Belieben mit 100 g Käse überbacken.

Bunter Gemüseauflauf

*Zubereitungszeit:
etwa 30 Min.
Garzeit: etwa 50 Min.*

*Pro Portion:
E: 20 g, F: 33 g, Kh: 28 g,
kJ: 2055, kcal: 491*

- 600 g gekochte Pellkartoffeln
- je 1 rote und grüne Paprikaschote
- 1 Dose Gemüsemais (Abtropfgewicht 140 g)
- 200 g Champignons
- 1 Stange Porree (Lauch)
- Salz
- frisch gemahlener Pfeffer
- 250 ml (¼ l) Schlagsahne
- 4 Eier (Größe M)
- 2 TL gerebeltes Basilikum
- 100 g geriebener Gouda

- 3 EL Schnittlauchröllchen

1 Kartoffeln pellen und in Scheiben schneiden. Paprika halbieren, entstielen, entkernen und die weißen Scheidewände entfernen. Schoten waschen und in Würfel schneiden.

2 Mais in einem Sieb abtropfen lassen. Champignons putzen, mit Küchenpapier abreiben, evtl. abspülen, trockentupfen und in Scheiben schneiden. Porreestange putzen, längs halbieren, waschen und abtropfen lassen. Porree in etwa ½ cm dicke Stücke schneiden.

3 Kartoffel-, Champignonscheiben und Porreestücke mit dem Mais in eine Auflaufform (gefettet) geben und mit Salz und Pfeffer bestreuen.

4 Sahne mit Eiern verschlagen und Basilikum und Käse unterrühren, mit Salz und Pfeffer würzen. Den Auflauf mit der Eier-Sahne übergießen. Die Form auf dem Rost in den Backofen schieben.

Ober-/Unterhitze:
etwa 180 °C (vorgeheizt)
Heißluft: etwa 160 °C (nicht vorgeheizt)
Gas:
Stufe 2–3 (nicht vorgeheizt)
Garzeit: etwa 50 Min.

5 Den Auflauf vor dem Servieren mit den Schnittlauchröllchen bestreuen.

Variante:

Bunter Gemüseauflauf mit Cabanossi: Dafür 300 g Cabanossi in Scheiben schneiden und anstatt der Champignonscheiben in die Auflaufform geben. Die Eier mit 250 ml (¼ l) Milch verschlagen und 2 Teelöffel gerebelten Majoran und 75 g geriebenen Käse unterrühren, mit Salz, Pfeffer und geriebener Muskatnuss würzen, über die Auflaufzutaten verteilen und wie oben angegeben backen.

Tipp:

Wenn der Auflauf zu stark bräunt, ihn nach etwa der Hälfte der Garzeit mit Alufolie zudecken.

Chinakohlauflauf

**Zubereitungszeit:
etwa 35 Min.
Garzeit: etwa 45 Min.**

**Pro Portion:
E: 25 g, F: 23 g, Kh: 23 g,
kJ: 1785, kcal: 426**

- **200 ml Gemüsebrühe**
- **300 g Zucchini**
- **1 große gelbe Paprikaschote (etwa 250 g)**
- **75 g rote Linsen**
- **200 g Tomaten**
- **1 Chinakohl (700–750 g)**

Für die Sauce und zum Belegen:
- **200 g Camembert**
- **½ Bund Dill**
- **30 g Butter oder Margarine**
- **30 g Weizenmehl**
- **300 ml Milch**
- **3 Eier (Größe M)**
- **Salz**
- **frisch gemahlener Pfeffer**
- **geriebene Muskatnuss**

1 Brühe in einem Topf zum Kochen bringen. In der Zwischenzeit Zucchini waschen, abtrocknen, die Enden abschneiden und Zucchini erst längs halbieren, dann in Scheiben schneiden. Paprikaschote halbieren, entstielen, entkernen und die weißen Scheidewände entfernen, die Schote waschen und in Streifen schneiden.

2 Paprikastreifen mit den Linsen in die kochende Brühe geben und etwa 3 Minuten kochen lassen. Zucchinischeiben hinzufügen und alles noch etwa 3 Minuten garen. Abgießen und abtropfen lassen.

3 Tomaten waschen, abtrocknen und die Stängelansätze herausschneiden, Tomaten vierteln und entkernen. Die Tomatenviertel klein würfeln.

4 Von dem Chinakohl die äußeren Blätter entfernen, Chinakohl waschen und abtropfen lassen. Die unteren Enden großzügig abschneiden, den Kohlkopf vierteln und mit einer Schnittfläche nach unten in eine große, flache Auflaufform oder die Fettfangschale des Backofens legen. Vorgegartes Gemüse und Tomaten darüber geben.

5 Für die Sauce und zum Belegen die Hälfte des Camemberts in kleine Würfel, die andere Hälfte in dünne Scheiben schneiden. Dill kalt abspülen, trockentupfen, die Spitzen von den Stängeln zupfen und klein schneiden.

6 Butter oder Margarine in einem Topf erhitzen. Mehl darin andünsten, unter Rühren nach und nach mit Milch ablöschen und aufkochen lassen. Camembertwürfel unterrühren und schmelzen lassen.

7 Eier trennen. Eigelb mit etwas von der Sauce verrühren und zu der Sauce geben (nicht mehr kochen lassen). Die Sauce mit Salz, Pfeffer und Muskatnuss kräftig würzen. Dill hinzufügen.

8 Eiweiß steif schlagen und unterheben. Die Sauce gleichmäßig auf dem Gemüse verteilen und mit den Camembertscheiben belegen. Die Form oder Fettfangschale (die Form auf dem Rost) in den Backofen schieben.

Ober-/Unterhitze:
etwa 180 °C (vorgeheizt)
Heißluft: etwa 160 °C
(nicht vorgeheizt)
Gas:
Stufe 2–3 (nicht vorgeheizt)
Garzeit: etwa 45 Min.

Tipp:
Besonders schön sieht es aus, wenn Sie die Auflaufform mit einigen Chinakohlblättern auslegen.

Wirsingauflauf Schweizer Art

**Zubereitungszeit:
etwa 30 Min.
Garzeit: etwa 45 Min.**

**Pro Portion:
E: 19 g, F: 35 g, Kh: 9 g,
kJ: 1864, kcal: 445**

- **750 g Wirsing**
- **2 mittelgroße Zwiebeln**
- **80 g durchwachsener Speck**
- **20 g Butter**
- **Salz**
- **frisch gemahlener Pfeffer**
- **125 ml (⅛ l) Gemüsebrühe**

Für den Guss:
- **3 Eier (Größe M)**
- **150 ml Milch**
- **100 ml Schlagsahne**
- **geriebene Muskatnuss**
- **100 g geriebener Emmentaler**

1 Von dem Wirsing die groben äußeren Blätter lösen, den Wirsing vierteln und den Strunk herausschneiden, den Wirsing abspülen und abtropfen lassen. Zwiebeln abziehen. Wirsing, Zwiebeln und Speck in Streifen schneiden.

2 Butter in einem großen Topf zerlassen und die Speckstreifen darin auslassen. Zwiebel- und Wirsingstreifen hinzufügen, andünsten und mit Salz und Pfeffer würzen. Gemüsebrühe hinzugießen, alles zum Kochen bringen und etwa 10 Minuten garen lassen.

3 Für den Guss Eier mit Milch und Sahne verschlagen und mit Salz, Pfeffer und Muskat würzen. Emmentaler untermischen.

4 Die Wirsingmischung mit der Garflüssigkeit in eine flache Auflaufform füllen und den Guss darüber gießen. Die Form auf dem Rost in den Backofen schieben.

Ober-/Unterhitze:
etwa 180 °C (vorgeheizt)
Heißluft: etwa 160 °C
(nicht vorgeheizt)
Gas:
Stufe 2–3 (nicht vorgeheizt)
Garzeit: etwa 45 Min.

Beilage:
Bratkartoffeln.

Variante:
Wirsingauflauf mit Kartoffeln und Klößchen: Dafür den vorbereiteten Wirsing mit den Zwiebeln würfeln und in 35 g Butter andünsten, mit Salz, Pfeffer und Paprika edelsüß würzen. Gemüsebrühe zugeben und 10 Minuten dünsten. 600 g Kartoffeln schälen, abspülen und in Scheiben schneiden oder hobeln, in Salzwasser 3–5 Minuten garen und auf ein Sieb zum Abtropfen geben. 300 g frische grobe Bratwurst in Klößchen portionsweise aus der Pelle drücken, nach Belieben rund formen und in einer Pfanne in 1 Esslöffel Speiseöl rundherum etwa 5 Minuten braten. Die Kartoffelscheiben in die Auflaufform geben, mit Pfeffer bestreuen, die Klößchen darauf verteilen, das Wirsinggemüse und zum Schluss Eierguss laut Rezept darüber geben. Den Auflauf wie oben beschrieben garen.

Tipp:
Den Wirsing mit Kümmelsamen würzen.

Broccoli-Blumenkohl-Auflauf

4–6 Portionen

**Zubereitungszeit:
etwa 35 Min.
Garzeit: 30–35 Min.**

**Pro Portion:
E: 44 g, F: 33 g, Kh: 7 g,
kJ: 2255, kcal: 539**

- **½ Kopf Blumenkohl (350 g)**
- **350 g Broccoli**
- **2 Zwiebeln**
- **1 großer, säuerlicher Apfel**
- **3–4 Thüringer Bratwürste**
- **1 Bund Majoran**
- **4 EL Speiseöl**
- **Salz**
- **frisch gemahlener, weißer Pfeffer**
- **3 Eier (Größe M)**
- **125 ml (⅛ l) Milch**
- **geriebene Muskatnuss**
- **100 g geraspelter, mittelalter Gouda**

1 Von Blumenkohl und Broccoli die Blätter und schlechten Stellen entfernen und die Strünke abschneiden, Blumenkohl und Broccoli in Röschen teilen und waschen. Die Röschen in kochendem Salzwasser etwa 8 Minuten garen, in ein Sieb geben und abtropfen lassen.

2 In der Zwischenzeit Zwiebeln abziehen und würfeln. Apfel schälen, vierteln, entkernen und quer in Scheiben schneiden. Bratwürste ebenfalls in dickere Scheiben schneiden. Majoran kalt abspülen, trockentupfen und die Blättchen von den Stängeln zupfen.

3 Zwei Esslöffel Öl in einer großen Pfanne erhitzen und die Wurstscheiben darin unter Wenden braun braten, herausnehmen und beiseite stellen.

4 Das restliche Öl zu dem Bratfett in die Pfanne geben und erhitzen. Zwiebelwürfel darin andünsten, Apfelscheiben hinzufügen und kurz mitdünsten.

5 Etwas Wasser hinzufügen und die Flüssigkeit ein wenig einkochen lassen. Mit Salz und Pfeffer würzen und die Hälfte der Majoranblättchen unterheben. Wurstscheiben zugeben.

6 Eier und Milch verquirlen und mit Salz, Pfeffer und Muskat kräftig würzen.

7 Blumenkohl und Broccoli in eine große, flache Auflaufform geben. Die Wurst-Apfel-Mischung dazwischen verteilen und die Eiermilch gleichmäßig darüber gießen. Mit Käse bestreuen. Die Form auf dem Rost in den Backofen schieben.

Ober-/Unterhitze:
etwa 200 °C (vorgeheizt)
Heißluft: etwa 180 °C (vorgeheizt)
Gas: Stufe 3–4 (vorgeheizt)
Garzeit: 30–35 Min.

Variante:

Vegetarischer Broccoli-Blumenkohl-Auflauf: Den Auflauf wie oben beschrieben zubereiten. Anstelle der Bratwürste 4–6 hart gekochte Eier pellen und achteln. Ein Bund Frühlingszwiebeln putzen, waschen und in feine Ringe schneiden. Die Frühlingszwiebelringe anstatt der Zwiebeln in Öl andünsten, dann den vorbereiteten Apfel zugeben und wie oben garen. Die Eiachtel unterheben und wie oben beschrieben weiter zubereiten.

Tipp:

Dazu schmeckt Kartoffelpüree mit Petersilie. Anstelle von Broccoli können Sie auch Romanesco verwenden.

Vegetarische Moussaka

6 Portionen

**Zubereitungszeit:
etwa 30 Min.
Backzeit: etwa 45 Min.**

**Pro Portion:
E: 15 g, F: 34 g, Kh: 16 g,
kJ: 1892, kcal: 452**

- **1 kg Auberginen**
- **1 TL Salz**
- **frisch gemahlener Pfeffer**
- **60 g Weizenmehl**
- **100 ml Olivenöl**
- **2 Zwiebeln**
- **3 EL Olivenöl**
- **1 Dosen (800 g) Tomaten**
- **Salz**
- **gerebelter Thymian**
- **125 g Mozzarella**
- **100 g geriebener Parmesan**

1 Auberginen waschen, abtrocknen und der Länge nach in 1 cm dicke Scheiben schneiden, mit Salz bestreuen und 20 Minuten ruhen lassen.

2 Auberginenscheiben kalt abspülen, trockentupfen, mit Pfeffer bestreuen und mit Mehl bestäuben. Öl erhitzen und die Auberginenscheiben darin von beiden Seiten braten, auf Küchenpapier abtropfen lassen.

3 Zwiebeln abziehen, in Würfel schneiden und in Öl andünsten. Tomaten mit der Flüssigkeit hinzugießen, dabei die Tomaten zerdrücken und mit Salz, Pfeffer und Thymian würzen. Tomaten zum Kochen bringen und in etwa 10 Minuten zu einer sämigen Sauce einkochen lassen.

4 Mozzarella in dünne Scheiben schneiden. In eine große, gefettete Auflaufform oder Fettfangschale abwechselnd Auberginenscheiben, Mozzarella, einen entsprechenden Teil Parmesan und Tomatensauce geben, die obere Schicht sollte aus Sauce bestehen.

5 Die Fettfangschale in den Backofen schieben (die Form auf dem Rost).

Ober-/Unterhitze:
etwa 200 °C (vorgeheizt)
Heißluft: etwa 180 °C
(nicht vorgeheizt)
Gas:
Stufe 3–4 (nicht vorgeheizt)
Backzeit: etwa 45 Min.

Beilage:
Fladenbrot oder Stangenweißbrot.

Tipp:
Die Tomatensauce mit einer Prise gemahlenem Zimt würzen.

Schwarzwurzelauflauf

Zubereitungszeit:
etwa 20 Min.
Garzeit: etwa 40 Min.

Pro Portion:
E: 24 g, F: 30 g, Kh: 40 g,
kJ: 2215, kcal: 429

- 40 g frischer Ingwer
- 1 Stange Porree (Lauch)
- 650 g TK-Schwarzwurzeln
- 400 g Eierspätzle oder Gnocchi (aus dem Kühlregal)
- 3 Eier (Größe M)
- 1 Becher (150 g) Crème fraîche
- Salz
- frisch gemahlener Pfeffer
- geriebene Muskatnuss
- 150 g geriebener Fontina- oder Emmentaler-Käse
- 2 EL Sesamsamen

1 Ingwer schälen und in kleine Würfel schneiden. Von dem Porree die Außenblätter entfernen und Wurzelende und dunkles Grün abschneiden. Die Stange seitlich einschneiden, gründlich waschen, abtropfen lassen und in etwa 2 cm lange Stücke schneiden.

2 Tiefgekühlte Schwarzwurzeln mit Spätzle, Porreestücken und Ingwerwürfeln vermischen und in eine etwas höhere Auflaufform geben.

3 Eier mit Crème fraîche verrühren. Mit Salz, Pfeffer und Muskat würzen und über den Auflauf geben. Dann zuerst mit Käse und anschließend mit Sesamsamen bestreuen. Die Form auf dem Rost in den Backofen schieben.

Ober-/Unterhitze:
etwa 200 °C (vorgeheizt, unteres Drittel)
Heißluft: etwa 180 °C (nicht vorgeheizt)
Gas: Stufe 3–4 (nicht vorgeheizt, unteres Drittel)
Garzeit: etwa 40 Min.

Tipp:
Statt TK-Schwarzwurzeln können Sie auch 1 Glas Schwarzwurzeln (Abtropfgewicht 460 g) verwenden.

Ratatoville-Auflauf

**Zubereitungszeit:
etwa 55 Min.
Garzeit: etwa 40 Min.**

**Pro Portion:
E: 27 g, F: 61 g, Kh: 27 g,
kJ: 3210, kcal: 766**

- **400 g Kartoffeln**
- **1 Aubergine (etwa 350 g)**
- **1 Zucchini (etwa 250 g)**
- **je 1 rote, gelbe und grüne Paprikaschote**
- **8 EL Olivenöl**
- **Salz**
- **frisch gemahlener Pfeffer**
- **1 TL gehackter Rosmarin**
- **2 TL gehackte Thymianblättchen**
- **3 EL gehackte Basilikumblättchen**
- **200 g geriebener, mittelalter Gouda**
- **400 g Tomaten**
- **4 Eier (Größe M)**
- **200 ml Schlagsahne**
- **2 EL Semmelbrösel**
- **2 EL Olivenöl**

1 Kartoffeln waschen, schälen und abspülen, abtropfen lassen und in kleine Würfel schneiden. Aubergine und Zucchini waschen und abtrocknen. Von der Aubergine den Stängelansatz entfernen, von der Zucchini die Enden abschneiden und Aubergine und Zucchini in Würfel schneiden.

2 Paprika halbieren, entstielen, entkernen und die weißen Scheidewände entfernen. Schoten waschen, trockentupfen und würfeln. Zwei Esslöffel von den Paprikawürfeln beiseite legen.

3 Olivenöl in einer Pfanne erhitzen und die Gemüsewürfel darin portionsweise andünsten, mit Salz und Pfeffer würzen. Die Kräuter und die Hälfte des Käses unter die Gemüsemischung rühren. Die Hälfte der Gemüse-Käse-Mischung in eine Auflaufform geben.

4 Tomaten waschen, abtrocknen, halbieren und die Stängelansätze entfernen. Tomaten in Scheiben schneiden und auf das Gemüse legen. Mit Salz und Pfeffer würzen. Restliche Gemüse-Käse-Mischung darüber geben und mit dem restlichen Käse bestreuen.

5 Eier mit Sahne verschlagen und mit Salz und Pfeffer würzen. Die Eiersahne über den Auflauf gießen. Mit Semmelbröseln bestreuen und mit Olivenöl beträufeln. Die Form auf dem Rost in den Backofen schieben.

Ober-/Unterhitze:
etwa 200 °C (vorgeheizt)
Heißluft: etwa 180 °C
(nicht vorgeheizt)
Gas:
Stufe 3–4 (nicht vorgeheizt)
Garzeit: etwa 40 Min.

6 Sollte der Auflauf zu stark bräunen, ihn mit Alufolie zudecken. Den Ratatouille-Auflauf mit den beiseite gelegten Paprikawürfeln bestreut servieren.

Champignonauflauf

**Zubereitungszeit:
etwa 40 Min.
Garzeit: etwa 45 Min.**

**Pro Portion:
E: 29 g, F: 51 g, Kh: 12 g,
kJ: 2566, kcal: 613**

- **300 g Staudensellerie**
- **400 g Champignons**
- **3 EL Speiseöl**
- **Salz**
- **frisch gemahlener Pfeffer**
- **1 rote Paprikaschote**
- **1 Bund Frühlingszwiebeln**
- **gerebelter Thymian**
- **5 Eier (Größe M)**
- **200 ml Schlagsahne**
- **gemahlener Macis (Muskatblüte)**
- **120 g geraspelter Pecorino-Käse**
- **60 g Sonnenblumenkerne**
- **Paprikapulver edelsüß**

1 Staudensellerie putzen, harte Außenfäden abziehen, Sellerie waschen und abtropfen lassen. Die Stangen in etwa ½ cm breite Stücke schneiden. Champignons putzen, mit Küchenpapier abreiben, evtl. abspülen, gut abtropfen lassen und in Viertel schneiden.

2 Speiseöl in einer großen Pfanne erhitzen und die Champignonviertel darin etwa 5 Minuten andünsten, mit Salz und Pfeffer würzen.

3 Paprika halbieren, entstielen, entkernen und die weißen Scheidewände entfernen. Schote waschen, trockentupfen und in Würfel schneiden. Frühlingszwiebeln putzen, waschen, abtropfen lassen und in etwa 1 cm lange Stücke schneiden.

4 Selleriestücke, Champignonviertel, Paprikawürfel und Frühlingszwiebelstücke in eine flache Auflaufform (gefettet) geben und mit Salz, Pfeffer und Thymian würzen.

5 Eier mit Sahne verschlagen und mit Salz und Macis abschmecken. Eier-Sahne über den Auflauf gießen und mit Käse, Sonnenblumenkernen und Paprika bestreuen. Die Form auf dem Rost in den Backofen schieben.

Ober-/Unterhitze:
etwa 200 °C (vorgeheizt)
Heißluft: etwa 180 °C
(nicht vorgeheizt)
Gas:
Stufe 3–4 (nicht vorgeheizt)
Garzeit: etwa 45 Min.

Pilzragoutauflauf

Zubereitungszeit:
etwa 20 Min.
Garzeit: etwa 40 Min.

Pro Portion:
E: 26 g, F: 36 g, Kh: 70 g,
kJ: 2856, kcal: 681

- 1 kg gemischte Pilze (z. B. Champignons, Pfifferlinge, Shii-Take)
- 2 Zwiebeln
- 40 g getrocknete Tomaten
- 750 g Kloßteig (aus dem Kühlregal)
- Salz
- frisch gemahlener Pfeffer
- 1 TL gerebelter Thymian
- 1 TL gerebeltes Rosmarin
- 1 Pck. Champignon-Cremesuppe
- 200 ml Milch
- 250 g Crème fraîche
- 150 g geriebener Edamer

Zum Garnieren:
- 1 Bund Petersilie

1 Pilze putzen, mit Küchenpapier abreiben, evtl. abspülen und trockentupfen. Pilze in Scheiben schneiden. Zwiebeln abziehen und in kleine Würfel schneiden. Getrocknete Tomaten in feine Streifen schneiden.

2 Tomatenstreifen und Zwiebelstücke in eine große flache Auflaufform geben. Aus dem Kloßteig mit angefeuchteten Händen 12 gleich große Klöße formen und auf die Zwiebel-Tomaten-Mischung legen. Pilze gleichmäßig darauf verteilen. Mit etwas Salz, Pfeffer, Thymian und Rosmarin würzen.

3 Champignon-Cremesuppe mit Milch und Crème fraîche anrühren und über den Auflauf gießen. Mit Käse bestreuen. Die Form auf dem Rost in den Backofen schieben.

Ober-/Unterhitze: etwa 200 °C (vorgeheizt, unteres Drittel)
Heißluft: etwa 180 °C (nicht vorgeheizt)
Gas: Stufe 3–4 (nicht vorgeheizt, unteres Drittel)
Garzeit: etwa 40 Min.

4 Zum Garnieren Petersilie abspülen und trockentupfen. Die Blättchen von den Stängeln zupfen und Blättchen klein schneiden. Den Auflauf mit der Petersilie bestreut servieren.

Tipp:
Wenn Sie keinen Kloßteig aus dem Kühlregal bekommen, können Sie auch ein Päckchen Kloßmehl verwenden. Rühren Sie dieses nach Packungsanleitung an und verarbeiten Sie die Klöße wie ab Punkt 2 angegeben weiter.

Möhren-Ananas-Auflauf

**Zubereitungszeit:
etwa 50 Min.
Garzeit: etwa 10 Min.**

**Pro Portion:
E: 13 g, F: 25 g, Kh: 39 g,
kJ: 1827, kcal: 436**

- **1 kg junge Möhren**
- **40 g Butter**
- **1 TL Zucker**
- **Salz**
- **frisch gemahlener, weißer Pfeffer**
- **1 Dose Ananasstücke (Abtropfgewicht 480 g)**
- **4 EL Ananassaft**
- **8 EL Schlagsahne**
- **1 Bund glatte Petersilie**
- **150 g mittelalter Gouda**
- **1 EL Semmelbrösel**

1 Möhren putzen, schälen, waschen und abtropfen lassen, Möhren längs vierteln und in große Stücke schneiden. Butter in einem Topf zerlassen und Möhrenviertel und Zucker darin unter Rühren karamellisieren lassen, mit Salz und Pfeffer würzen.

2 Ananasstücke in einem Sieb abtropfen lassen, dabei den Saft auffangen. Ananassaft und die Hälfte der Sahne zu den Möhren gießen und unter Rühren zum Kochen bringen. Die Möhrenviertel zugedeckt noch etwa 6 Minuten garen.

3 Petersilie kalt abspülen und trockentupfen. Die Blättchen von den Stängeln zupfen und die Hälfte der Blättchen fein hacken. Restliche Petersilienblättchen beiseite legen.

4 Den Käse in kleine Würfel schneiden. Möhren mit der Flüssigkeit, den Ananasstücken und der gehackten Petersilie in eine flache Auflaufform geben. Käsewürfel darauf verteilen, mit der restlichen Sahne beträufeln und die Semmelbrösel darauf streuen. Die Form auf dem Rost in den Backofen schieben.

Ober-/Unterhitze:
etwa 200 °C (vorgeheizt)
Heißluft:
etwa 180 °C (vorgeheizt)
Gas: Stufe 3–4 (vorgeheizt)
Garzeit: etwa 10 Min.

5 Den Möhren-Ananas-Auflauf mit den beiseite gelegten Petersilienblättchen garnieren und servieren.

Tipp:
Dieser Möhren-Ananas-Auflauf eignet sich gut als Beilage zu Petersilienkartoffeln und kurz gebratenem Fleisch. Für ein Hauptgericht verdoppeln Sie die Zutaten.

Kohlrabi-Kartoffel-Auflauf

Zubereitungszeit:
55 Minuten
Garzeit: etwa 60 Minuten

Pro Portion:
E: 23 g, F: 22 g, Kh: 27 g,
kJ: 1664, kcal: 397

- **600 g Kartoffeln**
- **Wasser**
- **1 TL Salz**
- **300 g Champignons**
- **15 g Butter**
- **1 Bund glatte Petersilie**
- **700 g Kohlrabi**
- **250 ml (¼ l) Wasser**
- **1 TL Salz**
- **Salz**
- **frisch gemahlener Pfeffer**
- **geriebene Muskatnuss**
- **60 g durchwachsener Räucherspeck**

Zum Bestreuen:
- **1 Zwieback**
- **200 g geriebener, mittelalter Gouda**

1 Kartoffeln waschen und mit Wasser und Salz in einem Topf zum Kochen bringen. Die Kartoffeln zugedeckt in 20–25 Minuten gar kochen. Die garen Kartoffeln abgießen, mit kaltem Wasser übergießen und abtropfen lassen, sofort pellen und in Scheiben schneiden.

2 Champignons putzen, mit Küchenpapier abreiben, evtl. abspülen und trockentupfen, in Scheiben schneiden. Butter in einer Pfanne zerlassen und die Champignonscheiben 3–4 Minuten darin dünsten.

3 Petersilie abspülen, trockentupfen und die Blättchen von den Stängeln zupfen. Blättchen fein hacken und einen Teelöffel gehackte Petersilie beiseite legen. Restliche Petersilie unter die Champignonscheiben rühren.

4 Kohlrabi schälen, waschen, abtropfen lassen, halbieren und in Scheiben schneiden. Wasser mit Salz in einem Topf zum Kochen bringen und die Kohlrabischeiben darin 8–10 Minuten garen, dann in ein Sieb abgießen, dabei das Kohlrabiwasser auffangen.

5 Champignonscheiben in eine Auflaufform (gefettet) geben und die Kartoffel- und Kohlrabischeiben dachziegelartig darauf verteilen. Mit Salz, Pfeffer und Muskat würzen und das Kohlrabiwasser hinzugießen.

6 Speck in feine Streifen schneiden, in einer kleinen Pfanne ausbraten und auf dem Gemüse verteilen.

7 Zum Bestreuen Zwieback fein zerbröseln. Zwiebackbrösel mit dem Käse mischen und auf den Auflauf streuen. Die Form auf dem Rost in den Backofen schieben.

Ober-/Unterhitze:
etwa 200 °C (vorgeheizt)
Heißluft: etwa 180 °C (vorgeheizt)
Gas: Stufe 3–4 (vorgeheizt)
Garzeit: etwa 20 Min.

8 Vor dem Servieren den Auflauf mit der beiseite gelegten Petersilie bestreuen.

Frühlingszwiebelauflauf

Zubereitungszeit:
etwa 30 Min.
Garzeit: etwa 30 Min.

Pro Portion:
E: 40 g, F: 53 g, Kh: 31 g,
kJ: 3203, kcal: 765

- **400 g kleine Kartoffeln**
- **Wasser**
- **½ TL Salz**
- **3 Bund Frühlingszwiebeln**
- **30 g Butter**
- **300 g Cocktailtomaten**
- **350 g Kasseler Aufschnitt**
- **150 g Naturjoghurt**
- **200 ml Schlagsahne**
- **4 Eier (Größe M)**
- **Salz**
- **frisch gemahlener Pfeffer**
- **180 g Harvarti-Käse in Scheiben**

1 Kartoffeln waschen, schälen und abspülen. Kartoffeln mit Wasser und Salz in einem Topf zum Kochen bringen, etwa 20 Minuten kochen und dann abgießen.

2 Frühlingszwiebeln putzen, waschen, abtropfen lassen und in 5 cm lange Stücke schneiden.

3 Eine große flache Auflaufform mit Butter einfetten und die Kartoffeln mit den Frühlingszwiebelstücken hineinlegen.

4 Cocktailtomaten waschen und trockentupfen. Den Kasseler Aufschnitt in Würfel schneiden und mit den Cocktailtomaten in die Form schichten.

5 Joghurt mit Sahne und Eiern verrühren. Mit Salz und Pfeffer würzen und den Auflauf damit übergießen. Käsescheiben in Streifen schneiden und darüber verteilen. Die Form auf dem Rost in den Backofen schieben.

Ober-/Unterhitze:
etwa 220 °C (vorgeheizt, unteres Drittel)
Heißluft:
etwa 200 °C (vorgeheizt)
Gas: Stufe 4–5 (vorgeheizt, unteres Drittel)
Garzeit: etwa 30 Min. (bis die Eiermasse gestockt ist).

Tipp:
Der Auflauf schmeckt besonders gut, wenn Sie neue kleine Kartoffeln verwenden.

Was da unter krosser Kruste dem wahren Genuss entgegenschmort, ist stets für eine Überraschung gut!

Texanischer Auflauf

Zubereitungszeit:
etwa 20 Min., ohne
Auftauzeit
Garzeit: etwa 50 Min.

Pro Portion:
E: 22 g, F: 28 g, Kh: 47 g,
kJ: 2316, kcal: 553

- 500 g TK-Kartoffelwedges (Kartoffelspalten)
- 300 g TK-Brechbohnen
- 1 Dose Kidney Bohnen (Abtropfgewicht 230 g)
- 1 Dose Gemüsemais (Abtropfgewicht 360 g)
- 1 rote Paprikaschote (etwa 200 g)
- 300 ml Schlagsahne
- 300 ml Milch
- 6 Eier (Größe M)
- Salz
- frisch gemahlener Pfeffer
- ½–1 TL Paprikapulver edelsüß

1 Kartoffelwedges und Bohnen nach Packungsanleitung auftauen lassen. Kidney Bohnen und Gemüsemais getrennt in einem Sieb abtropfen lassen.

2 Paprikaschote halbieren, entstielen, entkernen und die weißen Scheidewände entfernen. Schote waschen und in Würfel schneiden. Paprikawürfel in kochendem Salzwasser 1–2 Minuten blanchieren. Paprikawürfel in ein Sieb geben, mit kaltem Wasser übergießen und gut abtropfen lassen.

3 Sahne, Milch und Eier gut verrühren und mit Salz, Pfeffer und Paprika würzen.

4 Kartoffelwedges, Brechbohnen, Kidney Bohnen, Gemüsemais und Paprikawürfel mischen, in eine Auflaufform geben und mit der Eiersahne übergießen. Die Form auf dem Rost in den Backofen schieben.

Ober-/Unterhitze:
etwa 180 °C (vorgeheizt)
Heißluft: etwa 160 °C
(nicht vorgeheizt)
Gas:
Stufe 2–3 (nicht vorgeheizt)
Garzeit: etwa 50 Min.

Gnocchi-Sauerkraut-Auflauf

Zubereitungszeit:
etwa 30 Min.
Überbackzeit:
etwa 30 Min.

Pro Portion:
E: 31 g, F: 25 g, Kh: 30 g,
kJ: 2078, kcal: 496

- 1 Zwiebel
- 2 rote Paprikaschoten (je etwa 150 g)
- 300 g Schweinefilet
- 2 EL Speiseöl
- Salz
- frisch gemahlener Pfeffer
- 1 kleine Dose mildes Weinsauerkraut (Abtropfgewicht 520 g)
- 1 TL getrockneter Rosmarin
- 500 g Gnocchi (aus dem Kühlregal)

Für den Guss:
- 200 g saure Sahne
- 150 g geriebener Gouda
- Paprikapulver edelsüß

1 Zwiebel abziehen und würfeln. Paprikaschoten halbieren, entstielen, entkernen und die weißen Scheidewände entfernen, die Schoten waschen und in Streifen schneiden. Schweinefilet unter fließendem kalten Wasser abspülen, trockentupfen und in mundgerechte Würfel schneiden.

2 Öl in einem großen Topf erhitzen und Fleischwürfel darin portionsweise rundherum braun anbraten, mit Salz und Pfeffer würzen und herausnehmen.

3 Zwiebelwürfel und Paprikastreifen in dem verbliebenen Bratfett andünsten. Sauerkraut mit der Flüssigkeit und Rosmarin zugeben und etwa 5 Minuten mitschmoren.

4 Das Sauerkraut mit Salz und Pfeffer würzen. Gnocchi direkt aus der Packung zum Sauerkraut geben und im geschlossenen Topf 3–4 Minuten garen.

5 Die Fleischwürfel unterheben und die Mischung in eine große, flache Auflaufform füllen.

6 Für den Guss saure Sahne mit Gouda verrühren, mit Paprikapulver, Salz und Pfeffer würzen und gleichmäßig über die Gnocchi-Sauerkraut-Mischung verteilen. Die Form auf dem Rost in den Backofen schieben.

Ober-/Unterhitze:
etwa 200 °C (vorgeheizt)
Heißluft: etwa 180 °C (vorgeheizt)
Gas: Stufe 3–4 (vorgeheizt)
Überbackzeit: etwa 30 Min.

Variante:
Anstelle von Schweinefilet können Sie auch Schweineschnitzel verwenden. Das Schnitzelfleisch in Streifen schneiden und wie oben angegeben anbraten.
Wer es deftig liebt, kann anstatt Schweinefilet oder –schnitzel auch 3 Rauchendchen (Mettwürstchen) in Scheiben geschnitten unter die Sauerkraut-Gnocchimischung heben.

Tipp:
Den Auflauf vor dem Servieren mit gehackter Petersilie bestreuen.

Kartoffelauflauf aus der Normandie

**Zubereitungszeit:
etwa 25 Min.
Backzeit: etwa 80 Min.**

**Pro Portion:
E: 8 g, F: 32 g, Kh: 38 g,
kJ: 2067, kcal: 493**

- **600 g fest kochende Kartoffeln**
- **3 Äpfel (Cox Orange oder Granny Smith)**
- **125 g Honigkuchen (Frühstückskuchen)**
- **Salz**
- **frisch gemahlener Pfeffer**
- **60 g Butter**
- **½ Becher (75 g) Crème fraîche**
- **200 ml Schlagsahne**
- **2 Eier (Größe M)**
- **40 g Semmelbrösel**

1 Kartoffeln waschen, schälen und abspülen. Äpfel schälen, vierteln und entkernen. Kartoffeln und Äpfel in dünne Scheiben schneiden oder hobeln. Honigkuchen in Würfel schneiden oder zerbröseln.

2 Kartoffeln, Äpfel und Honigkuchen in eine Schüssel geben, gut vermischen und mit Salz und Pfeffer würzen.

3 Eine große Auflaufform mit etwas von der Butter einfetten und die Kartoffelmischung einfüllen.

4 Crème fraîche mit Sahne und Eiern verrühren und mit Salz und Pfeffer würzen. Die Masse gleichmäßig auf der Kartoffelmischung verteilen und mit Semmelbröseln bestreuen.

5 Restliche Butter in Flöckchen darauf geben und die Form auf dem Rost in den Backofen schieben.

Ober-/Unterhitze:
etwa 180 °C (vorgeheizt)
Heißluft: etwa 160 °C
(nicht vorgeheizt)
Gas:
Stufe 2–3 (nicht vorgeheizt)
Backzeit: etwa 80 Min.

Beilage:
Gemischter Salat.

Variante:
Kartoffelauflauf aus Westfalen:
Dafür die Kartoffeln und Äpfel wie oben beschrieben vorbereiten. 500 g grobe Bratwurst aus der Pelle drücken und unter Wenden in einer heißen Pfanne braten, dabei etwas zerdrücken. Zum Schluss 1 abgezogene, gewürfelte Zwiebel mit braten. Die Zutaten vermischen, mit Salz und Pfeffer würzen und in eine gefettete Auflaufform geben. Wie oben beschrieben die Eiersahne und Semmelbrösel darauf geben und backen.

Tipp:
Sollte der Auflauf zu stark bräunen, ihn nach ⅔ der Backzeit mit Alufolie abdecken.
Honigkuchen (Frühstückskuchen) ist eine Spezialität aus Holland, wo er zum Frühstück serviert wird. Bei uns ist er vorwiegend vom Spätsommer bis ins Frühjahr herein erhältlich.

Tomatenauflauf mit Kartoffeln

Zubereitungszeit:
etwa 30 Min.
Garzeit: etwa 35 Min.

Pro Portion:
E: 32 g, F: 46 g, Kh: 40 g,
kJ: 3053, kcal: 730

- **800 g Kartoffeln**
- **Salzwasser**
- **2 Zwiebeln**
- **200 g Salami**
- **400 g Cocktailtomaten**
- **½ Topf Basilikum**

Für den Guss:
- **4 Eier (Größe M)**
- **200 ml Schlagsahne**
- **100 ml Gemüsebrühe**
- **3 EL Tomatenketchup**
- **Salz**
- **grober, bunter Pfeffer**

Zum Bestreuen:
- **100 g geriebener Gouda**

1 Kartoffeln waschen, schälen, abspülen und in Würfel schneiden. Kartoffelwürfel in kochendem Salzwasser etwa 10 Minuten kochen lassen, in ein Sieb geben und abtropfen lassen.

2 Während die Kartoffeln garen, die Zwiebeln abziehen und in Würfel schneiden. Salami ebenfalls würfeln. Tomaten waschen, abtrocknen, evtl. halbieren und die Stängelansätze herausschneiden. Basilikum kalt abspülen, trockentupfen, die Blättchen von den Stängeln zupfen und hacken.

3 Tomaten mit Kartoffel-, Zwiebel-, Salamiwürfeln und Basilikum mischen und in eine flache Auflaufform füllen.

4 Für den Guss Eier mit Sahne, Gemüsebrühe und Ketchup verquirlen, mit Salz und Pfeffer würzen und über die Zutaten in die Auflaufform gießen. Gouda darüber streuen. Die Form auf dem Rost in den Backofen schieben.

Ober-/Unterhitze:
etwa 200 °C (vorgeheizt)
Heißluft:
etwa 180 °C (vorgeheizt)
Gas: Stufe 3–4 (vorgeheizt)
Garzeit: etwa 35 Min.

Beilage:
Dazu einen gemischten Blattsalat mit Feldsalat reichen.

Tipp:
Anstelle von Salami können Sie auch gekochten Schinken oder in Scheiben geschnittene Mettwürstchen verwenden. Nach Belieben zusätzlich 40 g Semmelbrösel unter den geriebenen Gouda mischen.

Aufläufe mit Kartoffeln

Kartoffel-Porree-Auflauf

**Zubereitungszeit:
etwa 35 Min.
Garzeit: etwa 45 Min.**

**Pro Portion:
E: 25 g, F: 44 g, Kh: 43 g,
kJ: 2911, kcal: 695**

- **750 g kleine bis mittelgroße Kartoffeln**
- **500 g Porree (Lauch)**
- **100 g durchwachsener, geräucherter Speck**
- **2 reife Birnen (etwa 300 g)**
- **2 EL Zitronensaft**
- **1 Becher (150 g) Crème fraîche**
- **4 Eier (Größe M)**
- **175 ml Milch**
- **Salz**
- **frisch gemahlener Pfeffer**
- **geriebene Muskatnuss**
- **125 g Camembert**

1 Kartoffeln waschen, in gesalzenem Wasser zum Kochen bringen und in 20–25 Minuten gar kochen.

2 In der Zwischenzeit Porree putzen, gründlich waschen und in Ringe schneiden. Speck würfeln, in einer großen Pfanne ohne Fett auslassen und knusprig braten. Porree zugeben und unter Wenden etwa 5 Minuten dünsten, beiseite stellen.

3 Birnen schälen, vierteln und entkernen, in dünne Scheiben schneiden und mit Zitronensaft beträufeln.

4 Die garen Kartoffeln abgießen, kalt abschrecken, pellen und in Scheiben schneiden, auf den Boden einer Auflaufform (etwa 24 x 30 cm) geben. Porreeringe und Birnenscheiben darauf verteilen.

5 Crème fraîche mit Eiern und Milch verrühren und mit Salz, Pfeffer und Muskat würzen. Die Masse über den Auflauf gießen. Die Form auf dem Rost in den Backofen schieben.

Ober-/Unterhitze:
etwa 200 °C (vorgeheizt)
Heißluft: etwa 180 °C
(nicht vorgeheizt)
Gas:
Stufe 3–4 (nicht vorgeheizt)
Garzeit: etwa 45 Min.

6 In der Zwischenzeit Camembert in dünne Scheiben schneiden. Die Käsescheiben etwa 20 Minuten vor Ende der Garzeit auf dem Auflauf verteilen und den Auflauf fertig garen.

Variante:

Kartoffel-Porree-Auflauf mit Mettwürstchen: Dafür 750 g Kartoffeln wie oben beschrieben zubereiten, Porree in 1 Esslöffel Butterschmalz andünsten und anstatt Speck und Birnen 3 Mettwürstchen (Rauchenden) in Scheiben schneiden. Die Hälfte der Kartoffelscheiben, dann Porree und Wurstscheiben in die Auflaufform geben und mit den restlichen Kartoffelscheiben abdecken, mit der Eier-Crème-fraîche-Milchmischung begießen und mit 100 g geriebenem Käse bestreuen. Backen wie oben beschrieben.

Tipp:

Den Auflauf mit frischem Thymian garnieren. Noch schneller ist die Zubereitung, wenn Sie Kartoffeln schälen, in Scheiben schneiden oder hobeln und 5 Minuten in Salzwasser garen.

Kartoffelauflauf mit Zucchini und Cabanossi

**Zubereitungszeit:
etwa 40 Min.
Garzeit: etwa 30 Min.**

**Pro Portion:
E: 22 g, F: 51 g, Kh: 45 g,
kJ: 3060, kcal: 730**

- **1 kg fest kochende Kartoffeln**
- **750 ml (¾ l) Wasser**
- **1–2 TL Salz**
- **300 g Zucchini**
- **300 g Cabanossi**
- **frisch gemahlener Pfeffer**
- **300 g saure Sahne**
- **2 Eier (Größe M)**
- **Salz**
- **40 g Semmelbrösel**
- **50 g Butter**

1 Kartoffeln waschen und mit Wasser und Salz in einem Topf zum Kochen bringen. Kartoffeln zugedeckt in 20–25 Minuten garen. Die garen Kartoffeln abgießen, mit kaltem Wasser abschrecken und abtropfen lassen, sofort pellen und in Scheiben schneiden.

2 Zucchini waschen, abtrocknen und die Enden abschneiden. Zucchini und Cabanossi in Scheiben schneiden.

3 Kartoffel- und Cabanossischeiben mit den Zucchinischeiben dachziegelartig in eine Auflaufform (gefettet) schichten. Dabei die Kartoffel- und Zucchinischichten mit Pfeffer bestreuen.

4 Saure Sahne mit den Eiern verschlagen und mit Salz und Pfeffer würzen. Den Auflauf mit der Eier-Sahne übergießen und mit den Semmelbröseln bestreuen. Butter in Flöckchen darauf setzen. Die Form auf dem Rost in den Backofen schieben.

Ober-/Unterhitze:
etwa 200 °C (vorgeheizt, unteres Drittel)
Heißluft:
etwa 180 °C (vorgeheizt)
Gas: Stufe 3–4 (vorgeheizt, unteres Drittel)
Garzeit: etwa 30 Min.

Kartoffelpuffer-Lachs-Auflauf

Zubereitungszeit:
etwa 20 Min.
Garzeit: etwa 10 Min.

Pro Portion:
E: 20 g, F: 44 g, Kh: 40 g,
kJ: 2652, kcal: 636

- **6 EL Maiskeimöl**
- **10 TK-Kartoffelpuffer (Reibekuchen)**
- **250 g geräucherter Stremel-Lachs**
- **1 Bund Dill**
- **2 Eier (Größe M)**
- **1 Becher (150 g) Crème fraîche**
- **3 TL Sahne-Meerrettich**
- **2 TL Dijon-Senf**
- **2 TL Akazien-Honig**
- **Salz**
- **frisch gemahlener Pfeffer**

1 Keimöl in einer Pfanne erhitzen und die Kartoffelpuffer tiefgefroren portionsweise darin von beiden Seiten knusprig braten. Die Kartoffelpuffer dachziegelartig in eine große flache Auflaufform schichten.

2 Von dem Lachs die Haut abziehen, Lachs in Stücke schneiden und auf den Kartoffelpuffern verteilen.

3 Dill abspülen und trockentupfen, die Spitzen von den Stängeln zupfen und fein schneiden.

4 Eier mit Crème fraîche, Sahne-Meerrettich, Senf und Honig verrühren. Mit Salz, Pfeffer und Dill abschmecken und die Eier-Masse über die Kartoffelpuffer geben. Die Form auf dem Rost in den Backofen schieben.

Ober-/Unterhitze:
etwa 220 °C (vorgeheizt)
Heißluft:
etwa 200 °C (vorgeheizt)
Gas: Stufe 4–5 (vorgeheizt)
Garzeit: etwa 10 Min. (bis die Eier-Masse gestockt ist).

Tipp:
Sie können diesen Auflauf auch gut vorbereiten. Geben Sie die Eier-Masse jedoch erst über die Kartoffelpuffer, wenn Sie den Auflauf in den Backofen schieben.

Schupfnudelauflauf

**Zubereitungszeit:
etwa 75 Min.
Backzeit: etwa 40 Min.**

**Pro Portion:
E: 45 g, F: 61 g, Kh: 37 g,
kJ: 3928, kcal: 938**

- 600 g Schweinehackfleisch
- 2 Zwiebeln
- 1,2 kg Weißkohl
- 200 g Möhren
- 80 g Frühstücksspeck (Bacon)
- Salz
- frisch gemahlener Pfeffer
- 1 TL Kümmelsamen
- 1 EL gemahlener Piment
- 800 g Schupfnudeln (Fertigprodukt)
- 40 g Butter

1 Hackfleisch in einer beschichteten Pfanne ohne Fett anbraten, dabei ständig rühren und das Fleisch mit einer Gabel etwas zerkrümeln.

2 Zwiebeln abziehen, in Würfel schneiden, mit dem Hackfleisch anbraten.

3 Weißkohl vierteln, den Strunk herausschneiden und die äußeren Blätter entfernen. Den Kohl abspülen, in etwa 2 cm lange Streifen schneiden und zu dem Fleisch geben.

4 Möhren putzen, schälen, waschen und in Scheiben schneiden. Frühstücksspeck in Streifen schneiden und beide Zutaten zum Fleisch geben. So lange braten, bis der Kohl glasig ist. Alles mit Salz, Pfeffer, Kümmel und Piment würzen.

5 Den Boden einer gefetteten Auflaufform mit einem Teil der Schupfnudeln bedecken. Die Hackfleisch-Kohl-Mischung darauf verteilen und etwas andrücken.

6 Die restlichen Schupfnudeln über die Kohlmischung geben und mit Butter in Flöckchen belegen. Die Form auf dem Rost in den Backofen schieben.

Ober-/Unterhitze:
etwa 180 °C (vorgeheizt)
Heißluft: etwa 160 °C
(nicht vorgeheizt)
Gas:
Stufe 2–3 (nicht vorgeheizt)
Backzeit: etwa 40 Min.

Nudeln machen glücklich!

Aufläufe mit Nudeln

Nudel-Mett-Auflauf

**Zubereitungszeit:
etwa 20 Min.
Garzeit: etwa 35 Min.**

**Pro Portion:
E: 42 g, F: 48 g, Kh: 64 g,
kJ: 3692, kcal: 882**

- 2½ l Wasser
- 2½ TL Salz
- 250 g Spiralnudeln
- 500 g Thüringer Mett
- 1 Dose (400 g) Tomatenstücke mit Kräutern
- ½ Flasche (250 ml) Texicana-Salsa
- 1 Pck. (300 g) TK-Balkangemüse
- Salz, Pfeffer
- Kräuter der Provence
- 50 g geriebener Parmesan
- 25 g Semmelbrösel

1 Wasser in einem großen Topf mit geschlossenem Deckel zum Kochen bringen. Salz und Nudeln zugeben und die Nudeln im geöffneten Topf bei mittlerer Hitze nach Packungsanleitung kochen lassen, dabei zwischendurch 4–5-mal umrühren.

2 Anschließend die Nudeln in ein Sieb geben, mit heißem Wasser abspülen, abtropfen lassen und in eine flache, große, gefettete Auflaufform geben.

3 Aus dem Mett kleine Klöße formen. Mettklößchen zwischen den Nudeln verteilen.

4 Tomatenstücke mit Texicana-Salsa und Balkangemüse verrühren und mit Salz, Pfeffer und Kräutern der Provence würzen. Das Gemüse auf die Nudeln und Mettklößchen geben und mit Käse und Semmelbröseln bestreuen. Die Form auf dem Rost in den Backofen schieben.

Ober-/Unterhitze:
etwa 200 °C (vorgeheizt)
Heißluft:
etwa 180 °C (vorgeheizt)
Gas: Stufe 3–4 (vorgeheizt)
Garzeit: etwa 35 Min.

Tipp:
Sie können auch einen Tetra-Pack Tomaten mit Kräutern (Einwaage 370 g) verwenden.

Nudelauflauf für Kinder

Zubereitungszeit:
etwa 30 Min.
Garzeit: etwa 25 Min.

Pro Portion:
E: 47 g, F: 46 g, Kh: 92 g,
kJ: 4096, kcal: 978

- 2 mittelgroße Zwiebeln
- 2 dünne Möhren
- 4 lange Bockwürstchen (Heißwürstchen)
- 1 Bund Petersilie
- 3 EL Olivenöl
- 200 g TK-Erbsen
- ½ EL Zucker
- 1 TL Salz
- frisch gemahlener Pfeffer
- 1 Dose geschälte Tomaten (Einwaage 800 g)
- 350 ml Gemüsebrühe
- 60 g Kochschinken
- Paprikapulver edelsüß
- 400 g kurze Röhrennudeln, z. B. Makkaroni
- 100 g geraspelter Pasta-Käse

1 Zwiebeln abziehen und in kleine Würfel schneiden. Möhren putzen, schälen, waschen, abtropfen lassen und in Scheiben schneiden. Würstchen in etwa 2 cm dicke Stücke schneiden. Petersilie abspülen und trockentupfen, die Blättchen von den Stängeln zupfen (einige Blättchen zum Garnieren beiseite legen) und fein hacken.

2 Öl in einem großen Topf erhitzen und Zwiebelwürfel darin glasig dünsten. Möhrenscheiben und die Erbsen hinzugeben und mit andünsten. Mit Zucker, Salz und Pfeffer würzen. Tomaten mit Saft unterrühren, dabei die Tomaten etwas zerdrücken. Brühe hinzugießen und die Zutaten zum Kochen bringen, unter gelegentlichem Rühren 5–10 Minuten kochen lassen. Kochschinken in Würfel schneiden. Wurstscheiben, Schinkenwürfel und Petersilie unterrühren, erhitzen und kräftig mit Salz, Pfeffer und Paprika würzen.

3 Nudeln in eine Auflaufform geben. Die Gemüse-Wurst-Masse hinzufügen und unterrühren. Die Form auf dem Rost in den Backofen schieben.

Ober-/Unterhitze:
etwa 200 °C (vorgeheizt)
Heißluft:
etwa 180 °C (vorgeheizt)
Gas: Stufe 3–4 (vorgeheizt)
Garzeit: etwa 25 Min.

4 Den Nudelauflauf nach etwa 10 Minuten Garzeit nochmals umrühren und mit Käse bestreuen. Gleichzeitig die Backofentemperatur auf Ober-/Unterhitze: etwa 160 °C, Heißluft: etwa 140 °C, Gas: Stufe 1–2 reduzieren und den Auflauf fertig garen.

5 Den Auflauf mit der beiseite gelegte Petersilie garniert servieren.

Variante:

Vegetarischer Nudelauflauf:

Dafür mit den Möhrenstreifen und Erbsen 500 g geputzte, in Streifen oder Würfel geschnittene bunte Paprikaschoten andünsten (sie ersetzen die Würstchen und den Schinken). Die Käsemenge auf 150 g erhöhen.

Tipp:

Sie können auch blanchierte Blumenkohl- oder Broccoliröschen und gegarte Putenbrust für den Auflauf verwenden.

Maultaschenauflauf

**Zubereitungszeit:
etwa 35 Min.
Überbackzeit:
etwa 25 Min.**

**Pro Portion:
E: 17 g, F: 35 g, Kh: 20 g,
kJ: 2002, kcal: 478**

- **1–2 Zwiebeln**
- **2–3 Knoblauchzehen**
- **2 EL Olivenöl**
- **1 Pck. (300 g) TK-Blattspinat**

Für die Sauce:
- **30 g Butter**
- **30 g Weizenmehl**
- **250 ml (¼ l) Milch**
- **125 ml (⅛ l) Schlagsahne**
- **Salz**
- **frisch gemahlener Pfeffer**
- **geriebene Muskatnuss**
- **30 g Butter**
- **2 Pck. (je 300 g) Schwäbische Maultaschen (aus dem Kühlregal)**
- **300 g Tomaten**

Zum Bestreuen:
- **100 g Edamer**
- **1–2 Zwiebeln**
- **10 g Butter**

1 Zwiebeln und Knoblauch abziehen und in Würfel schneiden. Öl in einem Topf erhitzen und Zwiebel- und Knoblauchwürfel darin andünsten.

2 Unaufgetauten Spinat und 3–4 Esslöffel Wasser zugeben und zugedeckt bei schwacher Hitze unter gelegentlichem Rühren auftauen lassen.

3 In der Zwischenzeit für die Sauce Butter in einem Topf zerlassen. Mehl unter Rühren so lange darin erhitzen, bis das Mehl hellgelb ist. Milch und Sahne hinzugießen und mit einem Schneebesen durchschlagen, dabei darauf achten, dass keine Klümpchen entstehen. Die Sauce zum Kochen bringen und einmal aufkochen lassen. Mit Salz, Pfeffer und Muskat würzen.

4 Butter in einer Pfanne zerlassen und die Maultaschen darin 3–5 Minuten unter Wenden braten. Tomaten waschen, abtrocknen, die Stängelansätze herausschneiden und Tomaten in Scheiben schneiden.

5 Den Spinat mit der Garflüssigkeit in eine flache Auflaufform geben und Maultaschen und Tomatenscheiben darauf verteilen. Die Sauce darüber gießen.

6 Edamer fein reiben und darüber streuen. Die Form auf dem Rost in den Backofen schieben.

Ober-/Unterhitze:
etwa 200 °C (vorgeheizt)
Heißluft:
etwa 180 °C (vorgeheizt)
Gas: Stufe 3–4 (vorgeheizt)
Überbackzeit: etwa 25 Min.

7 In der Zwischenzeit Zwiebeln abziehen und in Ringe oder Würfel schneiden. Butter zu dem Maultaschen-Bratfett geben, zerlassen und die Zwiebeln darin knusprig braun braten. Den Auflauf mit den Zwiebeln bestreut servieren.

Variante:

Tortellini-Auflauf: Dafür den Spinat und die Sauce wie im Rezept angegeben zubereiten. 500 g Tortellini (aus dem Kühlregal, mit Fleisch- oder Käsefüllung) nach Packungsanleitung garen und auf dem Spinat in der Auflaufform verteilen. Tomaten achteln und zwischen die Tortellini stecken. Die Sauce über die Zutaten gießen und mit geriebenem Edamer bestreuen.

Tipp:
Der Auflauf schmeckt auch sehr lecker, wenn Sie Maultaschen mit vegetarischer Füllung verwenden.

Spinat-Schafkäse-Lasagne

***Zubereitungszeit:
etwa 30 Min.
Backzeit: etwa 35 Min.***

***Pro Portion:
E: 37 g, F: 47g, Kh: 57 g,
kJ: 3384, kcal: 808***

- **3 Knoblauchzehen**
- **3 Zwiebeln**
- **4 EL Olivenöl**
- **600 g TK-Blattspinat, aufgetaut**
- **etwa 3 EL Wasser**
- **Salz**
- **frisch gemahlener Pfeffer**
- **geriebene Muskatnuss**

Für die Béchamelsauce:
- **50 g Butter oder Margarine**
- **50 g Weizenmehl**
- **500 ml (½ l) Milch**
- **500 ml (½ l) Gemüsebrühe**
- **Salz**
- **frisch gemahlener Pfeffer**
- **geriebene Muskatnuss**

- **300 g Schafkäse**
- **½ Pck. (225 g) Lasagneblätter, ohne Vorgaren**
- **100 g geriebener Gratin-Käse**

1 Knoblauch und Zwiebeln abziehen und in kleine Würfel schneiden. Öl in einem Topf oder in einer Pfanne erhitzen und Knoblauch- und Zwiebelwürfel darin glasig dünsten. Spinat und Wasser hinzufügen und den Spinat 3–4 Minuten durchdünsten lassen. Mit Salz, Pfeffer und Muskat würzen.

2 Für die Béchamelsauce Butter oder Margarine in einem Topf zerlassen. Mehl unter Rühren so lange darin erhitzen, bis das Mehl hellgelb ist. Milch und Gemüsebrühe hinzugießen und mit einem Schneebesen durchschlagen, dabei darauf achten, dass keine Klümpchen entstehen. Die Sauce zum Kochen bringen und bei schwacher Hitze etwa 5 Minuten ohne Deckel kochen, dabei gelegentlich umrühren. Mit Salz, Pfeffer und Muskatnuss kräftig würzen.

3 Schafkäse zerbröseln. Etwas von der Sauce in eine eckige Auflaufform geben, darauf 1 Schicht Lasagneblätter legen, dann etwas Spinat und etwas Schafkäse darauf geben und mit Sauce bedecken.

4 Nacheinander wieder Lasagneblätter, Spinat, Schafkäse und Béchamelsauce einschichten, so dass etwa 4 Lasagneschichten entstehen. Restliche Béchamelsauce auf die oberste Lasagneschicht streichen und mit Gratin-Käse bestreuen. Die Form ohne Deckel auf dem Rost in den Backofen schieben.

Ober-/Unterhitze:
etwa 200 °C (vorgeheizt)
Heißluft:
etwa 180 °C (vorgeheizt)
Gas: Stufe 3–4 (vorgeheizt)
Backzeit: etwa 35 Min.

Variante:

Spinat-Lachs-Lasagne:
Dafür anstatt des Schafkäse 200–250 g geräucherten, in Stücke zerpflückten Lachs oder 500 g frisches Lachsfilet, in Würfel geschnitten, mit einschichten.

Tipp:

2 Esslöffel gehackten Dill unter die Béchamelsauce rühren.

Lasagne mit Pilzen und Schinken

Zubereitungszeit:
etwa 45 Min., ohne
Quellzeit
Backzeit: etwa 35 Min.

Pro Portion:
E: 35 g, F: 68 g, Kh: 47 g,
kJ: 3946, kcal: 947

Für die Pilzsauce:
- 70 g getrocknete Steinpilze
- 2 mittelgroße Zwiebeln
- 1 Knoblauchzehe
- 60 g Butter
- 1 Lorbeerblatt
- 200 ml Fleischbrühe
- Salz
- frisch gemahlener Pfeffer

Für die Béchamelsauce:
- 500 ml (½ l) Béchamelsauce (Tetrapack)
- 50 g geriebener Parmesan
- 100 ml Schlagsahne
- geriebene Muskatnuss
- 200 g gekochter Schinken

- ½ Pck. (225 g) Lasagne (ohne Vorgaren)
- 40 g Butter

Zum Bestreuen:
- 60 g geriebener Parmesan

Zum Garnieren:
- Basilikumblättchen
- Tomatenviertel

1 Für die Pilzsauce Steinpilze in eine flache Schale legen, mit Wasser übergießen, nach Packungsanleitung etwa 30 Minuten quellen lassen.

2 Zwiebeln und Knoblauch abziehen, Zwiebeln in kleine Würfel schneiden und Knoblauch durch eine Knoblauchpresse drücken. Butter in einer Pfanne zerlassen und Zwiebelwürfel darin andünsten, Knoblauch hinzufügen. Steinpilze in einem Sieb abtropfen lassen, etwas zerkleinern, zusammen mit dem Lorbeerblatt zu den Zwiebelwürfeln geben und einige Minuten dünsten lassen. Brühe hinzugießen und kurz aufkochen lassen. Mit Salz und Pfeffer abschmecken.

3 Für die Béchamelsauce Sauce in eine Schüssel geben und mit Parmesan und Schlagsahne verrühren. Mit Salz, Pfeffer und Muskat abschmecken. Fünf Esslöffel von der Béchamelsauce unter die Pilzsauce rühren. Schinken in schmale Streifen schneiden und mit der Pilzsauce vermengen.

4 Auf den Boden einer flachen Auflaufform (gefettet) eine Schicht Lasagneblätter legen, darauf einige Esslöffel der Pilzsauce geben, dann einige Esslöffel der Béchamelsauce darauf streichen und einige Butterflöckchen darauf verteilen. Nacheinander wieder Lasagneblätter, Pilzsauce, Béchamelsauce, Butterflöckchen einschichten. Die oberste Schicht soll aus Lasagneblättern bestehen, die mit Béchamelsauce bestrichen und mit Butterflöckchen belegt wird. Parmesan darauf streuen. Die Form auf dem Rost in den Backofen schieben.

Ober-/Unterhitze:
etwa 200 °C (vorgeheizt)
Heißluft:
etwa 180 °C (vorgeheizt)
Gas: Stufe 3–4 (vorgeheizt)
Backzeit: etwa 35 Min.

5 Die Lasagne mit Basilikumblättchen und Tomatenvierteln garniert servieren.

Tipp:
Wenn die Béchamelsauce nicht mehr flüssig genug ist, um sie gleichmäßig zu verteilen, kann etwas Milch untergerührt werden.

Ravioli-Auflauf

**Zubereitungszeit:
etwa 20 Min.
Backzeit: etwa 40 Min.**

**Pro Portion:
E: 34 g, F: 45 g, Kh: 40 g,
kJ: 3111, kcal: 742**

- **2 Zwiebeln**
- **30 g Butter**
- **100 ml Milch**
- **100 ml Schlagsahne**
- **2 Eier (Größe M)**
- **Salz**
- **frisch gemahlener Pfeffer**
- **2 Dosen (je 800 g) Ravioli in Tomatensauce**
- **75 g geriebener Gruyère Käse**
- **1 EL gehackte Kräuter, z. B. Petersilie, Schnittlauchröllchen**

1 Zwiebeln abziehen und in feine Würfel schneiden. Butter erhitzen und die Zwiebelwürfel darin andünsten, mit Milch und Sahne ablöschen, 3 Minuten kochen und leicht abkühlen lassen.

2 Eier unter die Flüssigkeit geben und verschlagen. Mit Salz und Pfeffer abschmecken.

3 Ravioli in eine flache feuerfeste Form geben und die Eiermasse darüber geben. Mit dem Käse bestreuen. Die Form auf dem Rost in den Backofen schieben.

Ober-/Unterhitze:
etwa 200 °C (vorgeheizt)
Heißluft: etwa 180 °C
(nicht vorgeheizt)
Gas:
Stufe 3–4 (nicht vorgeheizt)
Backzeit: etwa 40 Min.

4 Den Auflauf herausnehmen, mit gehackten Kräutern bestreuen und sofort servieren.

Beilage:
Gemischte Blattsalate.

Variante:
Überbackene Maultaschen:
Maultaschen aus dem Kühlregal nach Packungsanleitung zubereiten und in eine Auflaufform geben. Die Eier-Zwiebel-Masse darüber geben, mit geriebenem Emmentaler und 100 g ausgelassenen Schinkenspeckwürfeln bestreuen und auf dem Rost in den Backofen schieben. Wenn die Maultaschen heiß verwendet werden, verkürzt sich die Überbackzeit auf etwa die Hälfte.

Tipp:
Statt Milch Weißwein nehmen. Es können auch fertige Ravioli aus dem Kühlregal (etwa 750 g) verwendet werden, die Tomatensauce kann dann durch 500 g passierte Tomaten aus dem Tetrapack ersetzt werden, die mit Salz, Pfeffer und Oregano gewürzt werden.

Landfrauen-Auflauf mit Broccoli

**Zubereitungszeit:
etwa 35 Min.
Garzeit: etwa 40 Min.**

**Pro Portion:
E: 39 g, F: 40 g, Kh: 48 g,
kJ: 3169, kcal: 757**

- **2 l Wasser**
- **2 TL Salz**
- **200 g gelbe und grüne Bandnudeln**
- **500 g TK-Broccoli**
- **250 g gekochter Schinken (im Stück)**
- **3 Eier (Größe M)**
- **200 ml Schlagsahne**
- **Salz**
- **frisch gemahlener Pfeffer**
- **1 Bund Schnittlauch**
- **½ Bund glatte Petersilie**
- **40 g abgezogene, gehobelte Mandeln**
- **2 Pck. (je 200 g) Frühlingsquark**

1 Wasser in einem großen Topf mit geschlossenem Deckel zum Kochen bringen. Salz und Nudeln zugeben und die Nudeln im geöffneten Topf bei mittlerer Hitze nach Packungsanleitung knapp gar kochen lassen, dabei zwischendurch 4–5-mal umrühren. Die Nudeln in ein Sieb geben, mit heißem Wasser abspülen und abtropfen lassen.

2 In der Zwischenzeit den Broccoli in Salzwasser etwa 2–3 Minuten kochen und in einem Sieb abtropfen lassen.

3 Schinken in ½ cm dicke Scheiben und dann in Würfel schneiden.

4 Eier mit Sahne verrühren und mit Salz und Pfeffer würzen.

5 Schnittlauch und Petersilie abspülen, trockentupfen und fein hacken.

6 Broccoli und Schinkenwürfel vermengen. Die Hälfte davon in eine gefettete Auflaufform geben und mit Salz, Pfeffer, Schnittlauch und Petersilie bestreuen. Bandnudeln und die restliche Broccoli-Schinken-Mischung einschichten, mit den restlichen Kräutern bestreuen. Den Auflauf mit der Eier-Sahne-Sauce bedecken und die Masse glatt streichen. Mandeln darauf streuen. Die Form auf dem Rost in den Backofen schieben.

Ober-/Unterhitze:
etwa 200 °C (vorgeheizt)
Heißluft: etwa 180 °C
(nicht vorgeheizt)
Gas:
Stufe 3–4 (nicht vorgeheizt)
Garzeit: etwa 40 Min.

7 Frühlingsquark verrühren und etwa 10 Minuten vor Beendigung der Garzeit auf den Auflauf geben, glatt streichen und den Auflauf fertig garen.

Variante:
Anstelle der Broccoliröschen können auch Zucchini verwendet werden. Dafür 350 g Zucchini putzen, waschen, die Enden abschneiden und Zucchini in Scheiben oder Stifte schneiden. 4 Esslöffel Speiseöl erhitzen. Zucchinischeiben oder -stifte darin andünsten und mit Salz, frisch gemahlenem Pfeffer und Oregano würzen. Von 1 Topf Basilikum die Blättchen von den Stängeln zupfen, kurz abspülen, trockentupfen, in Streifen schneiden und unterrühren. 3 Tomaten waschen, abtrocknen und Stängelansätze herausschneiden, Tomaten würfeln und unter die Zucchini mischen, nochmals mit Salz und Pfeffer würzen und weiterverarbeiten wie oben beschrieben.

Tortellini-Mangold-Auflauf

**Zubereitungszeit:
etwa 35 Min.
Garzeit: etwa 40 Min.**

**Pro Portion:
E: 26 g, F: 37 g, Kh: 41 g,
kJ: 2617, kcal: 627**

- **750 g Mangold**
- **Salzwasser**
- **2 l Wasser**
- **2 TL Salz**
- **1 Pck. (250 g) getrocknete Tortellini mit Käsefüllung**
- **200 g Cocktailtomaten**
- **50 g Walnusskerne**
- **125 g Mozzarella**
- **60 g Frühstücksspeck (Bacon)**

Für den Guss:
- **3 Eier (Größe M)**
- **100 ml Schlagsahne**
- **100 ml Milch**
- **1½ TL Thymian in Pflanzenöl (aus dem Glas)**
- **frisch gemahlener, weißer Pfeffer**

1 Mangold putzen, gründlich waschen und abtropfen lassen. Die weißen Blattrippen in schmale, das Blattgrün in breite Streifen schneiden. Mangold in reichlich kochendem Salzwasser etwa 3 Minuten vorgaren. Mit einer Schaumkelle herausnehmen und abtropfen lassen.

2 Wasser in einem großen Topf mit geschlossenem Deckel zum Kochen bringen. Salz und Tortellini zugeben und die Nudeln im geöffneten Topf bei mittlerer Hitze nach Packungsanleitung bissfest kochen, dabei zwischendurch 4–5-mal umrühren. Anschließend Tortellini in ein Sieb geben, mit heißem Wasser abspülen und abtropfen lassen.

3 Cocktailtomaten waschen, abtrocknen und halbieren. Walnusskerne grob hacken. Mozzarella abtropfen lassen und in Würfel oder Scheiben schneiden. Speckscheiben in einer Pfanne ohne Fett kross braten und auf Küchenpapier abtropfen lassen.

4 Mangold, Tortellini und Walnüsse mischen und in eine große, flache Auflaufform geben. Tomatenhälften und Mozzarella darauf verteilen und mit den Speckscheiben belegen.

5 Für den Guss Eier mit Sahne, Milch und Thymianpaste verquirlen. Mit Pfeffer und evtl. Salz würzen und über die vorbereiteten Zutaten gießen. Die Form auf dem Rost in den Backofen schieben.

Ober-/Unterhitze:
etwa 200 °C (vorgeheizt)
Heißluft: etwa 180 °C
(nicht vorgeheizt)
Gas:
Stufe 3–4 (nicht vorgeheizt)
Garzeit: etwa 40 Min.

Variante 1:

Tortellini-Wirsing-Auflauf:
Dafür anstelle von Mangold Wirsing verwenden. Die Wirsingblätter 6–8 Minuten vorgaren.

Variante 2:

Tortellini-Spinat-Auflauf:
Dafür 450 g aufgetauten TK-Blattspinat mit je 1 abgezogenen, fein gewürfelten Zwiebel und Knoblauchzehe in 2 Esslöffeln Olivenöl 5 Minuten dünsten und mit Salz, Pfeffer und geriebener Muskatnuss würzen. Wie unter Punkt 2 beschrieben weiter verarbeiten.

Tipp:

Falls Sie kein Thymian in Pflanzenöl bekommen, können Sie Pesto verwenden.

Makkaroniauflauf

*Zubereitungszeit:
etwa 25 Min.
Backzeit: etwa 40 Min.*

*Pro Portion:
E: 26 g, F: 30 g, Kh: 48 g,
kJ: 2398, kcal: 572*

- **250 g Makkaroni**
- **2 l Wasser**
- **2 TL Salz**
- **1 Glas Champignons in Scheiben (Abtropfgewicht 145 g)**
- **250 g Fleischwurst mit Knoblauch oder gekochter Schinken**
- **1 Dose Pizza-Tomaten (Einwaage 400 g)**
- **Salz**
- **frisch gemahlener Pfeffer**
- **½ TL getrocknete Kräuter der Provence**
- **3 Eier (Größe M)**
- **200 ml Milch**
- **1 EL Semmelbrösel**
- **30 g Butter**

1 Makkaroni in fingerlange Stücke brechen. Wasser in einem großen Topf mit geschlossenem Deckel zum Kochen bringen. Salz und Makkaroni zugeben und die Makkaroni im geöffneten Topf bei mittlerer Hitze nach Packungsanleitung bissfest kochen, dabei 4–5-mal umrühren. Anschließend Makkaroni in ein Sieb geben, mit heißem Wasser abspülen und abtropfen lassen.

2 Champignonscheiben in einem Sieb abtropfen lassen. Fleischwurst enthäuten und in kleine Würfel oder Streifen schneiden. Die beiden Zutaten mit den Makkaroni mischen und alles in eine gefettete Auflaufform geben. Pizza-Tomaten mit Salz, Pfeffer und Kräutern der Provence würzen, über die Auflaufzutaten geben und etwas untermengen.

3 Eier mit Milch verquirlen, mit Salz und Pfeffer würzen und gleichmäßig über den Auflauf gießen. Semmelbrösel darüber streuen und die Butter in Flöckchen darauf verteilen. Die Form auf dem Rost in den Backofen schieben.

Ober-/Unterhitze:
etwa 200 °C (vorgeheizt)
Heißluft: etwa 180 °C
(nicht vorgeheizt)
Gas:
Stufe 3–4 (nicht vorgeheizt)
Backzeit: etwa 40 Min.

Variante:
Vegetarischer Nudelauflauf:
Dafür die Makkaroni wie oben beschrieben garen und 3 Minuten vor Ende der Garzeit 150 g TK-Erbsen zugeben. 4 hart gekochte Eier pellen und in Scheiben schneiden. Die Eischeiben unter die Erbsen-Makkaroni heben und in die gefettete Auflaufform geben. Gewürzte Pizzatomaten zugeben und etwas untermengen. Wie unter Punkt 3 beschrieben weiterarbeiten und den Auflauf backen.

Tipp:
30 g geriebenen Parmesan mit den Semmelbröseln mischen und über den Auflauf streuen.

Regenbogen-Lasagne

**Zubereitungszeit:
etwa 85 Min.
Garzeit: etwa 60 Min.**

**Pro Portion:
E: 28 g, F: 50 g, Kh: 80 g,
kJ: 3748, kcal: 895**

Für die Béchamelsauce:
- 1 mittelgroße Zwiebel
- 40 g Butter
- 2 EL Speiseöl
- 50 g Speckwürfel
- 25 g Weizenmehl
- 250 ml (¼ l) Schlagsahne
- 250 ml (¼ l) Gemüsebrühe
- 1 EL mittelscharfer Senf
- Salz, Pfeffer

Für die Tomatensauce:
- 1 Zwiebel
- 1 Knoblauchzehe
- 2 EL Olivenöl
- 1 Dose geschälte Tomaten (Einwaage 800 g)
- 2 TL Gemüsebrühe (Instant)
- 1 TL Paprikapulver edelsüß
- ½ TL Zucker
- Salz, Pfeffer

- 1 Pck. (450 g) TK-Blattspinat
- 4 rote Paprikaschoten
- 1 Dose Gemüsemais (Abtropfgewicht 340 g)
- 250 g Lasagneplatten, ohne Vorkochen
- 75 g geriebener Gouda

1 Für die Béchamelsauce Zwiebel abziehen und in kleine Würfel schneiden. Butter und Speiseöl in einer Pfanne erhitzen und Zwiebel- und Speckwürfel darin andünsten. Mehl hinzufügen und unter Rühren so lange darin erhitzen, bis es hellgelb ist. Sahne und Brühe nach und nach hinzugießen und mit einem Schneebesen durchschlagen. Darauf achten, dass keine Klümpchen entstehen. Die Sauce 2–3 Minuten unter Rühren kochen lassen. Senf unterrühren und mit Salz und Pfeffer würzen.

2 Für die Tomatensauce Zwiebel und Knoblauch abziehen und in kleine Würfel schneiden. Olivenöl in einer großen Pfanne erhitzen und die Zwiebel- und Knoblauchwürfel darin andünsten. Tomaten mit der Flüssigkeit hinzufügen und mit einer Gabel etwas zerdrücken. Mit Gemüsebrühe, Paprika, Zucker, Salz und Pfeffer würzen. Die Sauce unter Rühren etwas einkochen lassen.

3 Spinat nach Packungsanleitung zubereiten. Paprika vierteln, entstielen, entkernen und die weißen Scheidewände entfernen. Schoten waschen und abtropfen lassen. Wasser in einem großen Topf zum Kochen bringen und die Paprikaschoten 10–15 Minuten darin garen. In ein Sieb geben, kurz mit kaltem Wasser übergießen und abtropfen lassen. Die Haut der Paprikaschoten abziehen.

4 Mais in einem Sieb abtropfen lassen. Eine flache Auflaufform mit einer Schicht Lasagneplatten auslegen. Zuerst etwas von der Béchamelsauce, dann den Blattspinat darauf verteilen. Eine weitere Lage Lasagneplatten darauf legen. Die Hälfte der Tomatensauce, die Paprikaviertel und den Mais darauf verteilen. Eine weitere Lage Lasagneplatten auslegen. Diese zuerst mit der restlichen Béchamelsauce, dann mit der restlichen Tomatensauce übergießen.

5 Den Auflauf mit Käse bestreuen und die Form auf dem Rost in den Backofen schieben.

Ober-/Unterhitze:
etwa 180 °C (vorgeheizt)
Heißluft: etwa 160 °C
(nicht vorgeheizt)
Gas:
Stufe 2–3 (nicht vorgeheizt)
Garzeit: etwa 60 Min.

Radicchio-Nudel-Auflauf

**Zubereitungszeit:
etwa 25 Min.
Garzeit: etwa 35 Min.**

**Pro Portion:
E: 31 g, F: 46 g, Kh: 46 g,
kJ: 3022, kcal: 722**

- 500 g Radicchio
- Salz
- frisch gemahlener Pfeffer
- 250 ml (¼ l) Schlagsahne

- 3 l Wasser
- 3 TL Salz
- 250 g Bandnudeln
- 40 g Butter
- 150 g gekochter Schinken in Scheiben
- 150 g geriebener Parmesan

1 Von dem Radicchio die Wurzelenden abschneiden und die welken Blätter entfernen. Radicchioköpfe achteln, waschen und gut abtropfen lassen.

2 Radicchioachtel in eine Auflaufform (gefettet) legen und mit Salz und Pfeffer bestreuen. Sahne darüber gießen. Die Form zugedeckt auf dem Rost in den Backofen schieben.

Ober-/Unterhitze:
etwa 200 °C (vorgeheizt)
Heißluft:
etwa 180 °C (vorgeheizt)
Gas: Stufe 3–4 (vorgeheizt)
Garzeit: etwa 15 Minuten.

3 Wasser in einem großen Topf mit geschlossenem Deckel zum Kochen bringen. Dann Salz und Nudeln hinzugeben und die Nudeln im geöffneten Topf bei mittlerer Hitze nach Packungsanleitung kochen lassen, dabei zwischendurch 4–5-mal umrühren.

4 Anschließend die Nudeln in ein Sieb geben, mit heißem Wasser abspülen und abtropfen lassen. Butter in einer Pfanne zerlassen und die Nudeln darin schwenken.

5 Schinken in Streifen schneiden. Nudeln, Schinkenstreifen und Käse in die Auflaufform geben und mit dem Radicchio vermengen. Die Form wieder auf dem Rost in den Backofen schieben und den Auflauf ohne Deckel **bei gleicher Backofeneinstellung etwa 20 Minuten garen.**

Überbackene Schleifchennudeln

Zubereitungszeit:
etwa 20 Min.
Garzeit: etwa 25 Min.

Pro Portion:
E: 26 g, F: 34 g, Kh: 70 g,
kJ: 2908, kcal: 695

- **4 l Wasser**
- **4 TL Salz**
- **400 g bunte Schleifchennudeln**

- **50 weiche Butter**
- **2 Eigelb (Größe M)**
- **150 g saure Sahne**
- **100 g geriebener, mittelalter Gouda**
- **Salz**
- **frisch gemahlener, weißer Pfeffer**
- **geriebene Muskatnuss**
- **2 Eiweiß (Größe M)**
- **50 g geriebener, mittelalter Gouda**

- **1 EL Schnittlauchröllchen**

1 Wasser in einem großen Topf mit geschlossenem Deckel zum Kochen bringen. Salz und Nudeln hinzugeben und die Nudeln im geöffneten Topf bei mittlerer Hitze nach Packungsanleitung knapp gar kochen lassen, dabei zwischendurch 4–5-mal umrühren. Anschließend die Nudeln in ein Sieb geben, mit heißem Wasser abspülen und abtropfen lassen.

2 Butter geschmeidig rühren und Eigelb, saure Sahne und Käse unterrühren. Mit Salz, Pfeffer und Muskat würzen und mit den Nudeln vermengen.

3 Eiweiß steif schlagen und unter die Nudelmasse heben. Die Nudelmasse in eine flache Auflaufform (gefettet) geben und mit dem Käse bestreuen. Die Form auf dem Rost in den Backofen schieben.

Ober-/Unterhitze:
etwa 200 °C (vorgeheizt)
Heißluft:
etwa 180 °C (vorgeheizt)
Gas: Stufe 3–4 (vorgeheizt)
Garzeit: etwa 25 Min.

4 Überbackene Schleifchennudeln mit Schnittlauchröllchen bestreut servieren.

Tipp:
Überbackene Schleifchennudeln passen sehr gut zu kurz gebratenem oder gegrilltem Fleisch.

Aufläufe mit Nudeln

Knöpfli-Auflauf mit Wirsing

**Zubereitungszeit:
etwa 40 Min.
Garzeit: etwa 30 Min.**

**Pro Portion:
E: 49 g, F: 67 g, Kh: 56 g,
kJ: 4500, kcal: 1075**

- 800 g Wirsing
- 1 Zwiebel
- 3 EL Speiseöl
- Salz
- frisch gemahlener Pfeffer
- 1 TL Kümmelsamen
- ½ TL Currypulver
- etwas Wasser

- 2½ l Wasser
- 2½ TL Salz
- 250 g Nudeln, z. B. „Knöpfli"

- 3–4 Mettwürstchen oder Rauchenden

Für die Form:
- 10 g Butter

Für die Sauce:
- 50 g Butter
- 1 geh. EL Weizenmehl
- 250 ml (¼ l) Schlagsahne
- 150 ml Gemüsebrühe
- 150 g geriebener, mittelalter Gouda
- 20 g Butter

- 1 EL fein geschnittener Schnittlauch

1 Von dem Wirsing die groben, äußeren Blätter lösen und den Wirsing vierteln. Den Strunk herausschneiden, Wirsing abspülen, in Streifen schneiden und in einem Sieb abtropfen lassen.

2 Zwiebel abziehen und fein würfeln. Speiseöl in einem Topf erhitzen und Zwiebelwürfel darin andünsten. Wirsingstreifen hinzufügen und mit Salz, Pfeffer, Kümmel und Curry bestreuen. Etwas Wasser hinzugeben und den Wirsing zugedeckt etwa 10 Minuten garen.

3 Wasser in einem großen Topf mit geschlossenem Deckel zum Kochen bringen. Salz und Nudeln zugeben und die Nudeln im geöffneten Topf bei mittlerer Hitze nach Packungsanleitung kochen lassen, dabei zwischendurch 4–5-mal umrühren. Anschließend die Nudeln in ein Sieb geben, mit heißem Wasser abspülen und abtropfen lassen.

4 Mettwürstchen oder Rauchenden in Scheiben schneiden, mit dem Wirsing vermischen und abwechselnd mit den Nudeln in eine flache Auflaufform (25 x 30 x 5 cm, gut gefettet) füllen.

5 Für die Sauce Butter in einem Topf zerlassen und Mehl unter Rühren so lange darin erhitzen, bis es hellgelb ist. Nach und nach Sahne und Brühe hinzugießen, mit einem Schneebesen durchschlagen, darauf achten, dass keine Klümpchen entstehen. Zwei Drittel von dem Käse unterrühren. Die Sauce mit Salz und Pfeffer würzen und über den Auflauf gießen. Butter in Flöckchen darauf setzen. Restlichen Käse darüber streuen.

6 Die Form auf dem Rost in den Backofen schieben.

Ober-/Unterhitze:
etwa 200 °C (vorgeheizt)
Heißluft:
etwa 180 °C (vorgeheizt)
Gas: Stufe 3–4 (vorgeheizt)
Garzeit: etwa 30 Min.

7 Den Auflauf vor dem Servieren mit Schnittlauch bestreuen.

Cannelloni in pikanter Tomatensauce

Zubereitungszeit:
etwa 35 Min.
Garzeit: etwa 35 Min.

Pro Portion:
E: 34 g, F: 48 g, Kh: 21 g,
kJ: 2894, kcal: 691

Für die Tomatensauce:
- **1 mittelgroße Zwiebel**
- **1 Knoblauchzehe**
- **2 EL Olivenöl**
- **2 Dosen (je 400 g) stückige Tomaten**
- **1 schwach geh. EL Tomatenmark**
- **Salz**
- **frisch gemahlener Pfeffer**
- **Cayennepfeffer**
- **gerebelter Oregano**
- **1 EL gehackte Petersilie**

Für die Cannellonifüllung:
- **1 Brötchen (Semmel)**
- **2 mittelgroße Zwiebeln**
- **500 g Gehacktes (halb Rind-, halb Schweinefleisch)**
- **1 EL gehackte Petersilie**
- **16 Cannelloni, ohne Vorgaren**
- **20 g Butter**
- **75 g geriebener Gouda**

1 Für die Sauce Zwiebel und Knoblauch abziehen und fein würfeln. Olivenöl in einer Pfanne erhitzen, Zwiebel- und Knoblauchwürfel hinzufügen und hellgelb glasig dünsten. Stückige Tomaten und Tomatenmark hinzugeben und die Tomatenmasse kurz aufkochen lassen. Die Sauce mit Salz, Pfeffer, Cayennepfeffer und Oregano würzen. Petersilie unterrühren.

2 Für die Füllung Brötchen in kaltem Wasser einweichen. Zwiebeln abziehen und fein würfeln.

3 Gehacktes mit dem gut ausgedrückten Brötchen, den Zwiebelwürfeln und der Petersilie vermengen. Mit Salz und Pfeffer würzen. Die Fleischmasse in einen Spritzbeutel ohne Tülle füllen und in die Cannelloni spritzen.

4 Etwas von der Tomatensauce in eine flache, gefettete Auflaufform geben. Die gefüllten Cannelloni nebeneinander hineinlegen und restliche Tomatensauce darauf verteilen. Butter in Flöckchen darauf setzen und mit Käse bestreuen. Die Form auf dem Rost in den Backofen schieben.

Ober-/Unterhitze:
etwa 180 °C (vorgeheizt)
Heißluft:
etwa 160 °C (vorgeheizt)
Gas: Stufe 2–3 (vorgeheizt)
Garzeit: etwa 35 Min.

Variante:
Cannelloni mit Käsefüllung:
Dafür 375 g Speisequark (20 % Fett) mit 2 Eiern, 60 g geriebenem Parmesan und 2 Esslöffeln gehackten Basilikumblättchen verrühren und mit Salz, Pfeffer und Paprikapulver edelsüß abschmecken. Die Masse in die Cannelloni füllen und wie oben mit der Tomatensauce in die Auflaufform legen. 100 g geriebenen Gouda darüber streuen und wie oben angegeben backen.

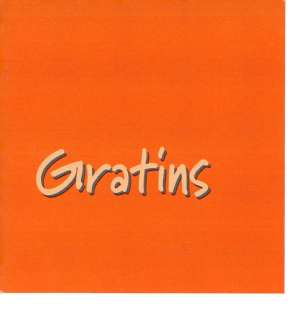

In der Einfachheit liegt die Genialität!

Chicorée-Hähnchen-Gratin

Zubereitungszeit: etwa 60 Min.
Garzeit: etwa 25 Min.

Pro Portion:
E: 49 g, F: 35 g, Kh: 8 g,
kJ: 2334, kcal: 559

- 2 doppelte Hähnchenbrustfilets (je etwa 300 g)
- 4 EL Olivenöl
- Salz
- Pfeffer
- 750 g Chicorée (4 Kolben)
- 150 ml Hühnerbrühe
- 400 g Tomaten
- 250 g Schmand
- 3 EL Orangensaft
- ½ EL Currypulver
- 125 g geriebener Cheddar-Käse

1 Hähnchenbrustfilets unter fließendem kalten Wasser abspülen und trockentupfen. Die Filets in der Mitte halbieren und jede Hälfte einmal der Länge nach durchschneiden.

2 Die Hälfte des Öls in einer Pfanne erhitzen und das Fleisch darin etwa 8 Minuten unter Wenden kräftig anbraten, mit Salz und Pfeffer würzen und aus der Pfanne nehmen.

3 Chicorée von schlechten Blättern befreien, waschen, längs halbieren und die bitteren Strünke keilförmig so herausschneiden, dass die Blätter möglichst noch zusammenhalten.

4 Eine flache Auflaufform mit dem restlichen Öl einstreichen. Chicoréehälften mit der Schnittfläche nach unten darin verteilen.

5 Das Fleisch zum Chicorée geben. Den Bratensatz mit Hühnerbrühe ablöschen, aufkochen lassen und über Fleisch und Chicorée gießen.

6 Tomaten waschen, abtropfen lassen und kreuzweise einschneiden, kurz in kochendes Wasser legen und in kaltem Wasser abschrecken. Tomaten enthäuten, Stängelansätze herausschneiden, Tomaten

(Fortsetzung Seite 128)

achteln, entkernen und auf dem Fleisch verteilen, mit Pfeffer würzen.

7 Schmand mit Orangensaft, Salz und Currypulver verrühren und als Kleckse auf Fleisch und Gemüse geben.

8 Käse auf der Schmandmasse verteilen. Die Form auf dem Rost in den Backofen schieben.

Ober-/Unterhitze:
etwa 200 °C (vorgeheizt)
Heißluft: etwa 180 °C (vorgeheizt)
Gas: Stufe 3–4 (vorgeheizt)
Garzeit: etwa 25 Min.

Beilage:
Grüne Bandnudeln. Dafür 250 g grüne Bandnudeln nach Packungsanleitung kochen, abtropfen lassen. 30 g Butter leicht bräunen und die Nudeln darin schwenken.

Variante:
Spinat-Hähnchen-Gratin:
Dafür 1 Packung (450 g) Blattspinat auftauen lassen. 1 Zwiebel und 1 Knoblauchzehe abziehen, würfeln und in 1 Esslöffel Olivenöl andünsten. Den Spinat und 100–150 ml Wasser zugeben, mit Salz, Pfeffer und Muskat würzen und 2–3 Minuten dünsten lassen. Den Spinat in die Auflaufform geben und wie unter Punkt 5 beschrieben weiter arbeiten.

Rosmarin-Bohnen-Gratin mit Entenkeulen

Zubereitungszeit:
etwa 40 Min.
Backzeit: etwa 60 Min.

Pro Portion:
E: 55 g, F: 53 g, Kh: 43 g,
kJ: 3861, kcal: 922

- **300 g weiße Perlbohnen**
- **600 ml Fleischbrühe**
- **4 Entenkeulen**
- **3 EL Olivenöl**
- **600 g Kartoffeln**
- **2 rote Zwiebeln**
- **2 Knoblauchzehen**
- **1 Bund Rosmarin**
- **4 Tomaten**
- **Salz**
- **frisch gemahlener Pfeffer**
- **60 g geriebener Parmesan**
- **3 EL Semmelbrösel**

1 Die Bohnen mit Brühe aufkochen, bei schwacher Hitze zugedeckt etwa 2 Stunden köcheln lassen.

2 Die Entenkeulen unter fließendem kalten Wasser abspülen, trockentupfen und in dem erhitzten Öl anbraten. Dann aus dem Bratfett nehmen und warm stellen.

3 Die Kartoffeln waschen, schälen, abspülen, in Würfel schneiden und in dem verbliebenen Bratfett knusprig braun braten.

4 Zwiebeln und Knoblauch abziehen, in Würfel schneiden und mit den Kartoffeln anbraten. Rosmarin abspülen, trockentupfen, Nadeln von den Stängeln zupfen und fein zerschneiden. Tomaten waschen, halbieren, die Stängelansätze herausschneiden und die Tomaten grob zerkleinern.

5 Bohnen, Rosmarin und Tomaten unter die Kartoffeln mischen und mit Salz und Pfeffer würzen. Die Entenkeulen und das Gemüse in eine gefettete Auflaufform füllen. Käse mit Semmelbröseln mischen und über den Auflauf streuen. Die Form auf dem Rost in den Backofen schieben.

Ober-/Unterhitze:
etwa 180 °C (vorgeheizt)
Heißluft: etwa 160 °C (nicht vorgeheizt)
Gas:
Stufe 2–3 (nicht vorgeheizt)
Backzeit: etwa 60 Min.

Auberginen-Hackfleisch-Gratin

**Zubereitungszeit:
etwa 40 Min.
Garzeit: etwa 25 Min.**

**Pro Portion:
E: 21 g, F: 38 g, Kh: 7 g,
kJ: 1888, kcal: 450**

- **500 g Auberginen**
- **6 EL Speiseöl**
- **1 TL gerebelter Oregano**
- **Paprikapulver edelsüß**
- **Salz**
- **frisch gemahlener Pfeffer**
- **2 Zwiebeln**
- **3 EL Speiseöl**
- **250 g mageres Rindergehacktes**
- **2 Knoblauchzehen**
- **2 EL gehackte Petersilie**
- **3 Fleischtomaten**
- **125 g Mozzarella**

- **einige vorbereitete Basilikumblättchen**

1 Auberginen waschen, abtrocknen und die Stängelansätze abschneiden. Auberginen längs in etwa ½ cm dicke Scheiben schneiden. Speiseöl in einer Pfanne erhitzen und die Auberginenscheiben von beiden Seiten darin braten. Mit Oregano, Paprika, Salz und Pfeffer bestreuen und nebeneinander in 2–3 Lagen in eine flache Gratinform legen.

2 Zwiebeln abziehen und in kleine Würfel schneiden. Speiseöl in einer Pfanne erhitzen und Zwiebelwürfel darin glasig dünsten. Gehacktes hinzugeben und unter Rühren darin anbraten, dabei die Fleischklümpchen mit einer Gabel zerdrücken. Mit Oregano, Paprika, Salz und Pfeffer würzen. Knoblauch abziehen, zerdrücken oder in feine Scheiben schneiden und Knoblauch und Petersilie zum Hackfleisch geben.

3 Tomaten waschen, abtropfen lassen, kreuzweise einschneiden und einige Sekunden in kochendes Wasser legen. Tomaten kurz in kaltes Wasser legen, enthäuten, halbieren, entkernen und Stängelansätze herausschneiden. Fruchtfleisch in kleine Würfel schneiden und mit der Hackfleischmasse vermengen. Mit Salz würzen.

4 Die Hackfleischmasse auf den Auberginenscheiben verteilen. Mozzarella in Scheiben schneiden und darauf legen. Die Form auf dem Rost in den Backofen schieben.

Ober-/Unterhitze:
etwa 200 °C (vorgeheizt)
Heißluft:
etwa 180 °C (vorgeheizt)
Gas: Stufe 3–4 (vorgeheizt)
Garzeit: etwa 25 Min.

5 Das Auberginen-Hackfleisch-Gratin mit Basilikumblättchen garnieren und sofort servieren.

Rotbarsch-Kartoffel-Gratin

**Zubereitungszeit:
etwa 35 Min.
Backzeit: etwa 30 Min.**

Pro Portion:
E: 57 g, F: 40 g, Kh: 38 g,
kJ: 3241, kcal: 733

- 900 g Kartoffeln
- 3 EL Olivenöl
- Salz
- frisch gemahlener Pfeffer
- 2 rote Zwiebeln
- 70 g geräucherter Bauchspeck
- 1 rote Paprikaschote
- 1 Bund Rucola (Rauke)
- ½ Pck. TK-Petersilie oder ½ Bund Petersilie
- 125 g Krabben
- 600 g Rotbarschfilet
- 120 g geriebener Käse, z. B. Comte

1 Kartoffeln waschen, schälen, abspülen und in 1 cm große Würfel schneiden, gut abtropfen lassen oder evtl. trockentupfen. Die Kartoffelwürfel in erhitztem Öl etwa 10 Minuten knusprig braun braten und mit Salz und Pfeffer würzen.

2 Zwiebeln abziehen und in Würfel schneiden. Speck ebenfalls in Würfel schneiden. Beide Zutaten gegen Ende der Kartoffelbratzeit kurz mit andünsten.

3 Paprika halbieren, entstielen, entkernen und die weißen Scheidewände entfernen, Schote waschen und in Würfel schneiden. Rucola und Petersilie abspülen, trockentupfen und fein schneiden.

4 Paprika, Rucola und Krabben unter die Kartoffeln mischen, mit Salz und Pfeffer würzen und in eine gefettete, flache Auflaufform (30 x 20 cm) oder Portionsauflaufförmchen füllen.

5 Rotbarschfilets unter fließendem kalten Wasser abspülen, trockentupfen, leicht salzen und pfeffern und auf die Kartoffeln legen. Mit Petersilie und Käse bestreuen. Die Form auf dem Rost in den Backofen schieben.

Ober-/Unterhitze:
etwa 180 °C (vorgeheizt)
Heißluft: etwa 160 °C (vorgeheizt)
Gas: Stufe 2–3 (vorgeheizt)
Backzeit: etwa 30 Min.

Variante:

Rotbarsch-Reis-Gratin: Dafür 1 Zwiebel abziehen, würfeln und in 1 Esslöffel Speiseöl glasig dünsten. 250 g Parboiled Reis zugeben, andünsten, gut 500 ml (½ l) Gemüsebrühe zugeben und in etwa 20 Minuten ausquellen lassen. Inzwischen 1 rote Paprikaschote, Rucola und Petersilie wie oben beschrieben vorbereiten, die 3 Zutaten mit den Krabben unter den garen Reis mischen und mit Salz und Pfeffer würzen. Den Reis in eine flache gefettete Auflaufform geben und wie unter Punkt 5 beschrieben weiter arbeiten und backen.

Tipp:

Statt frischem Fisch kann auch tiefgekühlter verwendet werden. Der Auflauf schmeckt auch mit Seelachs oder Kabeljau sehr gut.

Kabeljau-Spinat-Gratin

**Zubereitungszeit:
etwa 70 Min., ohne
Auftauzeit
Garzeit: etwa 20 Min.**

**Pro Portion:
E: 36 g, F: 24 g, Kh: 27 g,
kJ: 2262, kcal: 540**

- 400 g TK-Blattspinat
- 8 Kabeljau-Filetstücke (je 70–80 g)
- 1–2 EL Zitronensaft
- 600 g fest kochende Kartoffeln
- Salz
- 30 g Butter oder Margarine
- frisch gemahlener Pfeffer
- 1 Knoblauchzehe
- 1 Pck. (250 ml) Sauce Hollandaise (Fertigprodukt)

1 Spinat auftauen lassen. Fischfilets unter fließendem kalten Wasser abspülen, trockentupfen, mit Zitronensaft beträufeln und wieder abtupfen.

2 Kartoffeln waschen, schälen, abspülen und in kleine Stücke schneiden, in Salzwasser zum Kochen bringen und etwa 15 Minuten kochen. Die Kartoffeln abgießen und abdämpfen.

3 Butter oder Margarine erhitzen und den aufgetauten, abgetropften Spinat mit den Kartoffelstücken darin andünsten.

4 Knoblauch abziehen, fein hacken oder durch eine Knoblauchpresse geben und zu der Kartoffel-Spinat-Mischung geben. Mit Salz und Pfeffer würzen.

5 Die Mischung in eine gefettete Auflaufform geben. Die Fischfilets mit Salz und Pfeffer würzen, auf die Kartoffel-Spinat-Mischung legen und die Sauce Hollandaise darüber gießen. Die Form auf dem Rost in den Backofen schieben.

Ober-/Unterhitze:
etwa 200 °C (vorgeheizt)
Heißluft: etwa 180 °C (vorgeheizt)
Gas: Stufe 3–4 (vorgeheizt)
Garzeit: etwa 20 Min.

Tipp:

Den Spinat nach Packungsanleitung zubereiten. Den Fisch mit Salz und Pfeffer würzen, mit etwas Weizenmehl bestäuben und in erhitztem Speiseöl von beiden Seiten etwa 5 Minuten braten. Die Hollandaise erwärmen und zusammen mit Butterkartoffeln dazu servieren.

Kartoffel-Thunfisch-Gratin

Zubereitungszeit:
etwa 75 Min., ohne
Abkühlzeit
Garzeit: etwa 30 Min.

Pro Portion:
E: 26 g, F: 39 g, Kh: 28 g,
kJ: 2517, kcal: 601

- **500 g Kartoffeln**
- **150 g Zuckerschoten**
- **Salz**
- **2 Dosen Thunfisch im eigenen Saft (Abtropfgewicht je 150 g)**
- **2 Tomaten**
- **Saft von ½ Zitrone**
- **2 Becher (je 150 g) saure Sahne**
- **frisch gemahlener, weißer Pfeffer**
- **100 g TK-Erbsen**
- **100 g geriebener Emmentaler**
- **etwas glatte Petersilie**
- **25 g schwarze Oliven**

1 Kartoffeln waschen und mit Schale in kochendem Wasser etwa 15 Minuten garen. Die Kartoffeln abgießen, kalt abschrecken und pellen. Kartoffeln etwas abkühlen lassen, in etwa 5 mm dicke Scheiben schneiden.

2 Zuckerschoten putzen und Enden abschneiden. Zuckerschoten waschen und in kochendem Salzwasser 1–2 Minuten blanchieren. Kalt abschrecken und gut abtropfen lassen.

3 Thunfisch abgießen. Tomaten waschen, die Stängelansätze herausschneiden, Tomaten entkernen und in Spalten schneiden.

4 Kartoffeln in eine gefettete Auflaufform einschichten, einzelne Lagen mit wenig Salz bestreuen.

5 Thunfisch, Zitronensaft und saure Sahne pürieren und mit Salz und Pfeffer kräftig abschmecken. Die Hälfte der Thunfischsauce über die Kartoffeln gießen.

6 Zuckerschoten und unaufgetaute Erbsen mischen und darauf geben, mit restlicher Sauce übergießen. Tomaten darauf verteilen und Käse darüber streuen. Die Form auf dem Rost in den Backofen schieben.

Ober-/Unterhitze:
etwa 200 °C (vorgeheizt)
Heißluft:
etwa 180 °C (vorgeheizt)
Gas: Stufe 3–4 (vorgeheizt)
Garzeit: etwa 30 Min.

7 Petersilie abspülen, trockentupfen, die Blättchen von den Stängeln zupfen und in feine Streifen schneiden. Oliven in Ringe schneiden. Gratin mit Petersilie und Olivenringen bestreuen.

Beilage:

Dazu passt frischer Blattsalat oder Feldsalat mit einem Dressing aus Olivenöl und Balsamico-Essig.

Seelachs mit Kräuterkruste auf Kartoffelgratin

Zubereitungszeit: etwa 60 Min., ohne Auftauzeit
Garzeit: etwa 45 Min.

Pro Portion:
E: 45 g, F: 15 g, Kh: 43 g, kJ: 2069, kcal: 493

Für das Gratin:
- 1 kg fest kochende Kartoffeln
- Salz
- frisch gemahlener Pfeffer
- 250 ml (¼ l) Gemüsebrühe
- 300 ml Milch
- 100 ml Schlagsahne

Für Fisch und Kruste:
- 750 g Seelachsfilets (frisch oder TK)
- Saft und abgeriebene Schale von ½ Bio-Zitrone (unbehandelt, ungewachst)
- Salz
- frisch gemahlener Pfeffer
- 2 EL Semmelbrösel
- etwas getrockneter Rosmarin
- 30 g geriebener Parmesan
- 2 Tomaten

1 Für das Gratin Kartoffeln waschen, schälen und abspülen. Kartoffeln auf einer Küchenreibe in feine Scheiben hobeln, senkrecht in eine Auflaufform schichten und mit Salz und Pfeffer würzen.

2 Brühe mit Milch und Sahne mischen und über die Kartoffeln gießen. Die Form ohne Deckel auf den Rost in den Backofen schieben.

Ober-/Unterhitze:
etwa 200 °C (vorgeheizt)
Heißluft:
etwa 180 °C (vorgeheizt)
Gas: Stufe 3–4 (vorgeheizt)
Garzeit: etwa 30 Min.

3 In der Zwischenzeit Fischfilets evtl. auftauen lassen, unter fließendem kalten Wasser abspülen, trockentupfen und in Portionen teilen, mit Zitronensaft beträufeln und kurz ziehen lassen. Filets trockentupfen und mit Salz und Pfeffer würzen. Zitronenschale mit Semmelbröseln, Rosmarin und Parmesan mischen und mit etwas Salz und Pfeffer würzen.

4 Gratin aus dem Backofen nehmen und die Fischfilets darauf verteilen. Tomaten waschen, abtropfen lassen und Stängelansätze entfernen. Die Tomaten in Scheiben schneiden und auf den Fisch legen.

5 Die Parmesan-Semmelbrösel-Mischung auf den Fischfilets verteilen. Alles nochmals in den Backofen schieben und **bei der oben angegebenen Backofeneinstellung in etwa 15 Minuten fertig garen.**

Tipp:
Mit etwas Gemüse und Käse wird aus einem Gratin, auch ohne Fisch oder Fleisch, eine vollwertige Mahlzeit. Schichten Sie dazu z. B. eine in Scheiben geschnittene Porreestange (Lauch), 400 g klein geschnittene Möhren oder 1 Packung (300 g) TK-Spinat mit den Kartoffeln in die Form. Mit 150 g geriebenem Käse bestreuen und etwa 40 Minuten backen.

Kürbis-Fisch-Gratin

**Zubereitungszeit: etwa 40 Min.
Garzeit: 65–70 Min.**

**Pro Portion:
E: 31 g, F: 30 g, Kh: 28 g,
kJ: 2820, kcal: 674**

- 600 g Kürbisfruchtfleisch
- 600 g Kartoffeln

Für den Guss und zum Bestreuen:
- 2 Eier (Größe M)
- 250 ml (¼ l) Schlagsahne
- Salz
- frisch gemahlener Pfeffer
- ½ Bund Dill

- 500 g Lachsfilet
- 3 TL körniger Senf
- 1 Becher (150 g) Crème fraîche

1 Kürbisfruchtfleisch in große, dünne Scheiben schneiden. Kartoffeln waschen, schälen, abspülen und in dünne Scheiben schneiden oder hobeln.

2 Für den Guss Eier und Sahne verquirlen und mit Salz und Pfeffer kräftig würzen. Dill kalt abspülen, trockentupfen, die Spitzen von den Stängeln zupfen und fein schneiden. Die Hälfte des Dills unter den Guss rühren.

3 Kürbis- und Kartoffelscheiben in eine flache Auflaufform schichten. Den Guss darüber gießen und mit Alufolie zudecken. Die Form auf dem Rost in den Backofen schieben.

Ober-/Unterhitze:
etwa 180 °C (vorgeheizt)
Heißluft: etwa 160 °C
(nicht vorgeheizt)
Gas:
Stufe 2–3 (nicht vorgeheizt)
Garzeit: etwa 50 Min.

4 In der Zwischenzeit Lachsfilet unter fließendem kalten Wasser abspülen, trockentupfen und mit etwas Senf bestreichen, mit Salz und Pfeffer würzen.

5 Die Form aus dem Backofen nehmen, auf einen Kuchenrost stellen und die Alufolie entfernen. Lachsfilet auf das Gratin legen und Crème fraîche darauf verteilen. Die Form wieder auf dem Rost in den Backofen schieben.

Ober-/Unterhitze:
etwa 200 °C (vorgeheizt)
Heißluft:
etwa 180 °C (vorgeheizt)
Gas: Stufe 3–4 (vorgeheizt)
Garzeit: 15–20 Min.

6 Das Gratin mit dem restlichen Dill bestreut servieren.

Beilage:
Dazu einen frischen Blattsalat servieren.

Tipp:
Anstelle von Lachsfilet können Sie auch Rotbarschfilet verwenden.

Bandnudel-Zucchini-Gratin

**Zubereitungszeit:
etwa 30 Min.
Backzeit: etwa 30 Min.**

**Pro Portion:
E: 29 g, F: 59 g, Kh: 48 g,
kJ: 3668, kcal: 876**

- 2½ l Wasser
- 2½ TL Salz
- 250 g schmale Bandnudeln
- 1 EL Speiseöl

- 2 mittelgroße Zucchini
- 250 g braune Champignons
- 6 EL Olivenöl
- 1 Knoblauchzehe
- Salz
- frisch gemahlener Pfeffer
- 4 Eier (Größe M)
- 250 ml (¼ l) Schlagsahne
- 100–150 g geraspelter Emmentaler
- 1 EL Schnittlauchröllchen

1 Wasser in einem großen Topf mit geschlossenem Deckel zum Kochen bringen. Salz, Nudeln und Öl hinzufügen und die Nudeln nach Packungsanleitung im geöffneten Topf bei mittlerer Hitze bissfest kochen. Zwischendurch 4–5-mal umrühren. Die garen Nudeln auf ein Sieb geben, mit kaltem Wasser übergießen und gut abtropfen lassen.

2 Inzwischen Zucchini waschen, die Enden abschneiden und Zucchini längs in dünne Scheiben schneiden (am besten mit einem Sparschäler). Champignons putzen, evtl. kalt abspülen, abtropfen lassen und in Scheiben schneiden.

3 Öl portionsweise in einer Pfanne erhitzen und Zucchini- und Champignonscheiben portionsweise darin anbraten. Knoblauch abziehen, durch die Presse in die Pfanne drücken und alles mit Salz und Pfeffer würzen.

4 Nudeln, Zucchini und Champignons mischen und in eine gefettete, ofenfeste Pfanne oder gefettete, flache Auflaufform geben.

5 Eier mit Sahne verschlagen, mit Salz und Pfeffer würzen und über das Gratin geben. Emmentaler darüber streuen. Die Pfanne oder Form auf dem Rost in den Backofen schieben und backen, bis die Eiersahne gestockt ist.

Ober-/Unterhitze:
etwa 180 °C (vorgeheizt)
Heißluft:
etwa 160 °C (vorgeheizt)
Gas: Stufe 2–3 (vorgeheizt)
Backzeit: etwa 30 Min.

6 Das Gratin mit Schnittlauchröllchen bestreuen und sofort servieren.

Kartoffel-Spinat-Gratin

Zubereitungszeit:
etwa 30 Min., ohne
Auftauzeit
Garzeit: 50–60 Min.

Pro Portion:
E: 14 g, F: 8 g, Kh: 32 g,
kJ: 1126, kcal: 268

- **450 g TK-Blattspinat**
- **1 kg fest kochende Kartoffeln**
- **Salz**
- **frisch gemahlener Pfeffer**
- **geriebene Muskatnuss**
- **125 ml (⅛ l) Milch**
- **125 ml (⅛ l) Gemüsebrühe (Instant)**
- **1 Bund Schnittlauch**
- **1 Pck. (125 g) Mozzarella**

1 Blattspinat auftauen und etwas abtropfen lassen. Kartoffeln waschen, schälen, abspülen und in feine Scheiben schneiden. Kartoffelscheiben dachziegelartig in eine flache Auflaufform schichten, dazwischen den Spinat geben. Mit Salz, Pfeffer und Muskat würzen.

2 Milch mit Brühe in einem kleinen Topf verrühren, erhitzen und über die Kartoffelscheiben und den Spinat gießen. Die Form auf dem Rost in den Backofen schieben.

Ober-/Unterhitze:
etwa 200 °C (vorgeheizt)
Heißluft: etwa 180 °C
(nicht vorgeheizt)
Gas:
Stufe 3–4 (nicht vorgeheizt)
Garzeit: 50–60 Min.

3 Schnittlauch abspülen, trockentupfen und in feine Röllchen schneiden. Käse abtropfen lassen und in kleine Würfel schneiden. Schnittlauchröllchen mit den Käsewürfeln mischen und nach der Hälfte der Garzeit auf dem Gratin verteilen.

Variante:

**Kartoffel-Tomaten-Mozzarella-Gratin: Dafür die Kartoffelscheiben 3 Minuten in Salzwasser vorgaren und mit 500 g in Scheiben geschnittenen Tomaten und 1½ in Scheiben geschnittenen Mozzarellakugeln in eine gefettete Auflaufform schichten. 1 Bund Basilikum waschen, Blättchen abzupfen und ⅔ davon zwischen die Zutaten stecken. 150 ml Gemüsebrühe zugießen und die Form bei der oben angegebenen Backtemperatur in den Backofen schieben. Den restlichen Mozzarella in Würfel schneiden und nach 20 Minuten über die Zutaten streuen. Vor dem Servieren die restlichen Basilikumblättchen über den Auflauf streuen.

Tipp:
Aus diesem Gratin wird schnell eine vollwertige Mahlzeit für 4 Personen, wenn Sie mit den Kartoffeln und Spinat 200 g gekochten Schinken oder geräucherte Putenbrust in Streifen in die Auflaufform schichten. Statt Mozzarella können Sie auch 3 Esslöffel fein geriebenen Parmesan oder alten Gouda über das Gratin streuen. Das Gratin bekommt dadurch einen herzhaften Geschmack. Servieren Sie das Kartoffel-Spinat-Gratin zu kurz gebratenem Fleisch, z. B. Kotelett oder Schnitzel.

Kartoffel-Zucchini-Gratin

**Zubereitungszeit:
etwa 40 Min.
Backzeit: 20–25 Min.**

**Pro Portion:
E: 7 g, F: 28 g, Kh: 15 g,
kJ: 1467, kcal: 351**

- **250 g gekochte Pellkartoffeln**
- **250 g Zucchini**
- **2 Knoblauchzehen**
- **250 ml (¼ l) Schlagsahne**
- **Salz**
- **frisch gemahlener Pfeffer**
- **gehackte Estragonblättchen**
- **50 g geriebener Emmentaler**
- **20 g Butter**

1 Kartoffeln noch warm pellen und in Scheiben schneiden. Zucchini waschen, die Enden abschneiden und Zucchini in Scheiben schneiden. Kartoffel- und Zucchinischeiben schuppenartig in eine gefettete flache Auflaufform schichten.

2 Knoblauchzehen abziehen, durch die Knoblauchpresse geben und mit Schlagsahne verrühren, mit Salz und Pfeffer würzen.

3 Estragonblättchen unterrühren und die Knoblauch-Sahne über das Gemüse gießen.

4 Mit Käse bestreuen und Butter in Flöckchen darauf setzen. Die Form auf dem Rost in den Backofen schieben.

Ober-/Unterhitze:
etwa 220 °C (vorgeheizt)
Heißluft:
etwa 200 °C (vorgeheizt)
Gas: Stufe 4–5 (vorgeheizt)
Backzeit: 20–25 Min.

Beilage:
Salatplatte.

Gemüsegratin

**Zubereitungszeit:
etwa 50 Min.
Garzeit: etwa 30 Min.**

**Pro Portion:
E: 20 g, F: 26 g, Kh: 35 g,
kJ: 1934, kcal: 464**

- 500 g mittelgroße Kartoffeln
- 2 Kohlrabi
- 4 Möhren
- 1 Stange Porree (Lauch)
- 1–2 EL Speiseöl
- Salz
- frisch gemahlener Pfeffer
- 125 ml (⅛ l) Gemüsebrühe
- 1 Becher (150 g) Crème fraîche
- gerebeltes Basilikum
- 2 EL gehackte glatte Petersilie
- 150 g geriebener Käse, z. B. Gouda

1 Kartoffeln waschen, schälen, abspülen und halbieren. Kohlrabi schälen, waschen und halbieren. Möhren putzen, schälen und waschen. Porree putzen, die Stange längs halbieren, gründlich waschen und abtropfen lassen. Kartoffelhälften und das vorbereitete Gemüse in Scheiben oder Streifen schneiden.

2 Öl in einem großen Topf erhitzen, Kartoffeln und Gemüse darin andünsten und mit Salz und Pfeffer würzen. Brühe dazugießen und alles etwa 10 Minuten zugedeckt dünsten lassen.

3 Das Gemüse mit Crème fraîche, Basilikum und Petersilie verrühren und in eine Gratinform geben. Den Käse darüber streuen und die Form auf dem Rost in den Backofen schieben.

Ober-/Unterhitze:
etwa 200 °C (vorgeheizt)
Heißluft:
etwa 180 °C (vorgeheizt)
Gas: Stufe 3–4 (vorgeheizt)
Garzeit: etwa 30 Min.

Tipp:
Für dieses Gratin können Sie je nach Saison unterschiedliche Gemüsesorten verwenden, die dann preiswert angeboten werden.
Das Gratin schmeckt auch sehr gut mit Mozzarella überbacken.
Streuen Sie einige Sonnenblumenkerne auf das Gratin.

Kartoffelgratin

**Zubereitungszeit:
etwa 65 Min.
Backzeit: etwa 45 Min.**

**Pro Portion:
E: 8 g, F: 15 g, Kh: 33 g,
kJ: 1270, kcal: 302**

- 1 Knoblauchzehe
- 1 EL Butter

- 800 g Kartoffeln
- Salz
- frisch gemahlener Pfeffer
- geriebene Muskatnuss
- 125 ml (⅛ l) Milch
- 125 ml (⅛ l) Schlagsahne
- 2 EL geriebener Parmesan

1 Knoblauchzehe abziehen und durchschneiden, eine flache, feuerfeste Form mit Butter ausstreichen und mit der Knoblauchzehe einreiben.

2 Kartoffeln waschen, schälen und abspülen, trockentupfen und in dünne Scheiben schneiden. Scheiben dachziegelartig schräg in die vorbereitete Form einschichten und mit Salz, Pfeffer und Muskat bestreuen.

3 Milch und Sahne verrühren und über die Kartoffelscheiben gießen. Mit Parmesan bestreuen, die Form auf dem Rost in die mittlere Einschubleiste des Backofens schieben und das Gratin goldbraun backen.

Ober-/Unterhitze:
etwa 200 °C (vorgeheizt)
Heißluft: etwa 180 °C (nicht vorgeheizt)
Gas:
Stufe 3–4 (nicht vorgeheizt)
Backzeit: etwa 45 Min.

Variante:
Kartoffel-Gemüse-Gratin:
Dafür 400 g Kartoffeln wie beschrieben vorbereiten. 400 g vorbereitete Sellerieknolle, Möhren oder Zucchini in Scheiben schneiden und im Wechsel mit den Kartoffelscheiben in die Form schichten, mit der Sauce übergießen und wie angegeben backen.

Tipp:
Besonders fein werden die Kartoffelscheiben, wenn sie mit einem Gurkenhobel geschnitten werden. Passt sehr gut zu Fleisch-, Fisch- oder Gemüsegerichten ohne Sauce.

Kartoffel-Zucchini-Möhren-Gratin

*Zubereitungszeit:
etwa 60 Min.
Backzeit: etwa 30 Min.*

*Pro Portion:
E: 21 g, F: 35 g, Kh: 32 g,
kJ: 2242, kcal: 536*

- **500 g Möhren (frisch oder TK-Möhrenscheiben)**
- **125 ml (⅛ l) Gemüsebrühe**
- **700 g gekochte Pellkartoffeln**
- **500 g Zucchini**
- **1 Knoblauchzehe**
- **125 ml (⅛ l) Schlagsahne**
- **200 ml Milch**
- **1 Ei (Größe M)**
- **Salz**
- **frisch gemahlener Pfeffer**
- **2 EL gehackte Kräuter, z. B. Petersilie, Estragon, Basilikum**
- **150 g geriebener Käse, z. B. Emmentaler**
- **50 g Butter**

1 Möhren putzen, schälen, waschen und in dicke Scheiben schneiden. Möhren in Brühe etwa 5 Minuten zugedeckt dünsten lassen. Die Möhren abgießen, dabei die Kochbrühe auffangen.

2 Pellkartoffeln pellen und in Scheiben schneiden. Zucchini waschen, die Enden abschneiden und die Zucchini in Scheiben schneiden. Kartoffel-, Möhren- und Zucchinischeiben dachziegelartig in eine große, gefettete Auflaufform schichten.

3 Knoblauch abziehen, durch die Knoblauchpresse drücken und mit Sahne, Milch, Möhrenkochbrühe und Ei verrühren. Eiermischung mit Salz und Pfeffer würzen, Kräuter unterrühren und die Eiermischung über das Gemüse gießen.

4 Käse darüber streuen und Butter in Flöckchen darauf setzen. Die Form auf dem Rost in den Backofen schieben.

Ober-/Unterhitze:
etwa 200 °C (vorgeheizt)
Heißluft:
etwa 180 °C (vorgeheizt)
Gas: Stufe 3–4 (vorgeheizt)
Backzeit: etwa 30 Min.

5 Falls die Oberfläche zu stark bräunt, das Gratin mit Backpapier zudecken.

Tipp:

Dazu eine gemischte Salatplatte oder Tomatensalat servieren.

Kürbisgratin

Zubereitungszeit:
etwa 60 Min., ohne
Abkühlzeit
Backzeit: etwa 35 Min.

Pro Portion:
E: 6 g, F: 18 g, Kh: 43 g,
kJ: 1586, kcal: 378

Für das Gratin:
- 50 g Semmelbrösel
- 50 g abgezogene, gemahlene Mandeln
- 4 EL brauner Zucker
- 700 g Kürbisfleisch, geputzt, ohne faserigen Innenteil

Zum Bestreichen:
- 50 g Butter

Zum Bestreuen:
- 3 EL brauner Zucker

Zum Bestäuben:
- 2 EL Puderzucker

Zum Bestreuen:
- 1 EL gehackte Pistazienkerne

1 Für das Gratin Semmelbrösel und Mandeln in einer Pfanne ohne Fett goldbraun rösten. Zucker unterrühren und die Masse abkühlen lassen.

2 Kürbisfleisch in lange, dünne Scheiben schneiden.

3 Die Semmelbrösel-Mandel-Masse in eine Tarteform (Ø 28 cm, gut gefettet) geben. Die Kürbisscheiben rosettenförmig darauf verteilen.

4 Butter zerlassen und die Kürbisscheiben damit bestreichen. Zucker darüber streuen. Form auf dem Rost in den Backofen schieben.

Ober-/Unterhitze:
etwa 200 °C (vorgeheizt)
Heißluft:
etwa 180 °C (vorgeheizt)
Gas: Stufe 3–4 (vorgeheizt)
Backzeit: etwa 35 Min.

5 Die Form auf einen Kuchenrost stellen. Das Gratin heiß mit Puderzucker bestäuben und mit Pistazienkernen bestreuen.

Tipp:

Gratin mit Vanillesauce servieren. Die Zutaten verdoppeln und das Gratin in 2 Formen zubereiten.

Kapitelregister

Aufläufe mit Fleisch

Fleischkäse-Gemüse-Auflauf 18

Gratinierte Putenstreifen 26

Hack-Gemüse-Auflauf 10

Putenauflauf „Schwäbische Art" 24

Rustikaler Auflauf „Cabanossi" 16

Sauerkrautauflauf 12

Schlemmertopf 8

Spätzle-Hähnchen-Auflauf 22

Westernauflauf 20

Würstchenauflauf 14

Aufläufe mit Fisch

Asiatischer Auflauf 44

Bunter Garnelenauflauf 40

Dorschfilet auf Wirsing 36

Fischauflauf Mittelmeer 32

Hawaii-Auflauf mit Garnelen 30

Lachsauflauf mit Wirsing 34

Maritimer Spaghettiauflauf 28

Mittelmeer-Auflauf (Titelrezept) 42

Räucherfischauflauf 38

Rotbarschauflauf 46

Aufläufe mit Gemüse

Bohnenauflauf 48

Broccoli-Blumenkohl-Auflauf 64

Bunter Gemüseauflauf 58

Champignonauflauf 72

Chinakohlauflauf 60

Frühlingszwiebelauflauf 80

Italienischer Gemüseauflauf 54

Kohlrabiauflauf mit Käsekruste 50

Kohlrabi-Kartoffel-Auflauf 78

Kürbisauflauf 52

Möhren-Ananas-Auflauf 76

Pilzragoutauflauf 74

Provenzalischer Gemüseauflauf 56

Ratatouille-Auflauf 70

Schwarzwurzelauflauf 68

Vegetarische Moussaka 66

Wirsingauflauf Schweizer Art 62

Kapitelregister

Aufläufe mit Kartoffeln

Gnocchi-Sauerkraut-Auflauf 84

Kartoffelauflauf aus der Normandie . . 86

Kartoffelauflauf mit Zucchini und
    Cabanossi 92

Kartoffel-Porree-Auflauf 90

Kartoffelpuffer-Lachs-Auflauf 94

Schupfnudelauflauf 96

Texanischer Auflauf 82

Tomatenauflauf mit Kartoffeln 88

Aufläufe mit Nudeln

Cannelloni in pikanter Tomatensauce . 124

Knöpfli-Auflauf mit Wirsing 122

Landfrauen-Auflauf mit Broccoli 110

Lasagne mit Pilzen und Schinken 106

Makkaroniauflauf 114

Maultaschenauflauf 102

Nudelauflauf für Kinder 100

Nudel-Mett-Auflauf 98

Radicchio-Nudel-Auflauf 118

Ravioli-Auflauf 108

Regenbogen-Lasagne 116

Spinat-Schafkäse-Lasagne 104

Tortellini-Mangold-Auflauf 112

Überbackene Schleifchennudeln 120

Gratins

Auberginen-Hackfleisch-Gratin 130

Bandnudel-Zucchini-Gratin 142

Chicorée-Hähnchen-Gratin 126

Gemüsegratin 148

Kabeljau-Spinat-Gratin 134

Kartoffelgratin 150

Kartoffel-Spinat-Gratin 144

Kartoffel-Thunfisch-Gratin 136

Kartoffel-Zucchini-Gratin 146

Kartoffel-Zucchini-Möhren-Gratin . . . 152

Kürbis-Fisch-Gratin 140

Kürbisgratin 154

Rosmarin-Bohnen-Gratin mit
    Entenkeulen 128

Rotbarsch-Kartoffel-Gratin 132

Seelachs mit Kräuterkruste auf
    Kartoffelgratin 138

Alphabetisches Register

A/B

Asiatischer Auflauf 44

Auberginen-Hackfleisch-Gratin 130

Bandnudel-Zucchini-Gratin 142

Bohnenauflauf 48

Broccoli-Blumenkohl-Auflauf 64

Bunter Garnelenauflauf 40

Bunter Gemüseauflauf 58

C/D

Cannelloni in pikanter Tomatensauce . 124

Champignonauflauf 72

Chicorée-Hähnchen-Gratin 126

Chinakohlauflauf 60

Dorschfilet auf Wirsing 36

F

Fischauflauf Mittelmeer 32

Fleischkäse-Gemüse-Auflauf 18

Frühlingszwiebelauflauf 80

G

Gemüsegratin 148

Gnocchi-Sauerkraut-Auflauf 84

Gratinierte Putenstreifen 26

H/I

Hack-Gemüse-Auflauf 10

Hawaii-Auflauf mit Garnelen 30

Italienischer Gemüseauflauf 54

K

Kabeljau-Spinat-Gratin 134

Kartoffelauflauf aus der Normandie .. 86

Kartoffelauflauf mit Zucchini
und Cabanossi 92

Kartoffelgratin 150

Kartoffel-Porree-Auflauf 90

Kartoffelpuffer-Lachs-Auflauf 94

Kartoffel-Spinat-Gratin 144

Kartoffel-Thunfisch-Gratin 136

Kartoffel-Zucchini-Gratin 146

Kartoffel-Zucchini-Möhren-Gratin ... 152

Knöpfli-Auflauf mit Wirsing 122

Kohlrabiauflauf mit Käsekruste 50

Kohlrabi-Kartoffel-Auflauf 78

Kürbisauflauf 52

Kürbis-Fisch-Gratin 140

Kürbisgratin 154

Hinweis	Wenn Sie Anregungen, Vorschläge oder Fragen haben, rufen Sie unter folgenden Nummern an: 05 21/1 55 25 80 oder 0521/52 06 58 oder schreiben Sie an: Dr. Oetker Verlag KG, Redaktion Sonderprojekte, Am Bach 11, 33602 Bielefeld
Copyright	© 2005 by Dr. Oetker Verlag KG, Bielefeld
	Genehmigte Lizenzausgabe für den Wilhelm Heyne Verlag, München, in der Verlagsgruppe Random House GmbH. www.heyne.de Printed in Germany 2005
Redaktion	Jasmin Gromzik, Miriam Krampitz
Titelfoto	Hans Joachim Schmidt, Hamburg
Innenfotos	Thomas Diercks, Hamburg (S. 27, 49, 57, 63, 67, 89, 99, 101, 105, 107, 111, 123, 125, 135, 137, 141, 145, 155) Norbert Toelle, Bielefeld (S. 37, 109) Brigitte Wegner, Bielefeld (S. 73, 119) Ulrich Kopp, Sindelfingen (S. 51, 139, 149, 153) Herbert Maass, Hamburg (S. 147) Ulli Hartmann, Bielefeld (S. 9–25, 59, 65, 83, 87, 91, 93, 115, 127, 131, 151) Hailight, Düsseldorf (S. 97, 129, 133) Bernd Wohlgemuth, Hamburg (S. 29, 35, 39, 41, 55) Hans Joachim Schmidt, Hamburg (S. 31, 43–47, 61, 69, 75, 81, 85, 95, 103, 113, 117) Fotostudio Teubner (S. 121) Atelier Frisch (S. 71, 79)
Grafisches Konzept Umschlaggestaltung Gestaltung	Björn Carstensen, Hamburg kontur:design GmbH, Bielefeld M·D·H Haselhorst, Bielefeld
Druck und Bindung	Offizin Andersen Nexö, Leipzig

Nachdruck, auch auszugsweise, nur mit unserer ausdrücklichen Genehmigung und mit Quellenangabe gestattet.

ISBN-10: 3-453-85511-6
ISBN-13: 978-3-453-85511-3

Alphabetisches Register

L/M

Lachsauflauf mit Wirsing 34

Landfrauen-Auflauf mit Broccoli 110

Lasagne mit Pilzen und Schinken 106

Makkaroniauflauf 114

Maritimer Spaghettiauflauf 28

Maultaschenauflauf 102

Mittelmeer-Auflauf (Titelrezept) 42

Möhren-Ananas-Auflauf 76

N/P

Nudelauflauf für Kinder 100

Nudel-Mett-Auflauf 98

Pilzragoutauflauf 74

Provenzalischer Gemüseauflauf 56

Putenauflauf „Schwäbische Art" 24

R

Radicchio-Nudel-Auflauf 118

Ratatouille-Auflauf 70

Räucherfischauflauf 38

Ravioli-Auflauf 108

Regenbogen-Lasagne 116

Rosmarin-Bohnen-Gratin
    mit Entenkeulen 128

Rotbarschauflauf 46

Rotbarsch-Kartoffel-Gratin 132

Rustikaler Auflauf „Cabanossi" 16

S

Sauerkrautauflauf 12

Schlemmertopf 8

Schupfnudelauflauf 96

Schwarzwurzelauflauf 68

Seelachs mit Kräuterkruste auf
    Kartoffelgratin 138

Spätzle-Hähnchen-Auflauf 22

Spinat-Schafkäse-Lasagne 104

T/U

Texanischer Auflauf 82

Tomatenauflauf mit Kartoffeln 88

Tortellini-Mangold-Auflauf 112

Überbackene Schleifchennudeln 120

V/W

Vegetarische Moussaka 66

Westernauflauf 20

Wirsingauflauf Schweizer Art 62

Würstchenauflauf 14